地域批評シリーズ⑦

# これでいいのか
# 東京都 板橋区

# まえがき

さまざまな類似品のハシリとなったと言っても過言ではない〝地域批評シリーズ〟だが、そのコンセプトである「統計データからその地域の特徴を暴き立てる」という手法には、数字ならではの冷酷さがある。

板橋区に生まれ育って40年間も住み、板橋の恩恵を受け続けた筆者は、はじめは「板橋区の魅力を存分に書き立ててやる！」という意気込みだった。だが調べを進めるにつれて、中々にヘビーな「シャレでは済まないデータ」が転り出てきたり、板橋を「恥ずかしい」と思う気持ちが芽生えたり、この半生で培ってきた価値観が逆転するような衝撃的な事実が次々と発覚。数字という動かぬ証拠を突き付けられ、それによって生じた感情の全てを濃縮して詰め込む作業は、なかなかに貴重な体験だった。

なぜ板橋区には歩き疲れて途方に暮れる大きな商店街ばかりあるのか？
なぜ板橋区には複数路線の通った鉄道駅が一つも無いのか？

なぜ板橋区は23区でも有数の「特徴の無い地味な土地」なのか？
板橋区は本当に暴走族や外国人犯罪で治安が悪いのか？
山手線ゲームで「どこそれ？」と言われるのは何故なのか？

こうした板橋区民なら誰でも一度は味わった事があるだろう体験や、心を痛める噂話について、徹底的にデータをしらみつぶしにして調べ上げ、結論を出してみせた。また、本書は8年越しの文庫化であるため、以前使用したデータの殆どを見直している。その結果、話が変わってしまった部分については大幅に修正し、可能な限り頁を新設した。

結論から先に述べるが、日本全体を貧困が覆う2016年、再評価すべきは板橋区のような〝地味でマイナーで変化に乏しい貧乏くさい土地〟である。今や様々な生活の悩みを抱えた方がおられるだろうが、この本を読めばきっと「板橋区に住めば楽になれそう」と思ってもらえるのではないかと思う。

〝山手線ゲームで名前を出してもらえない板橋区〟こそ、現在進行形の社会問題に対応した先進都市なのである！

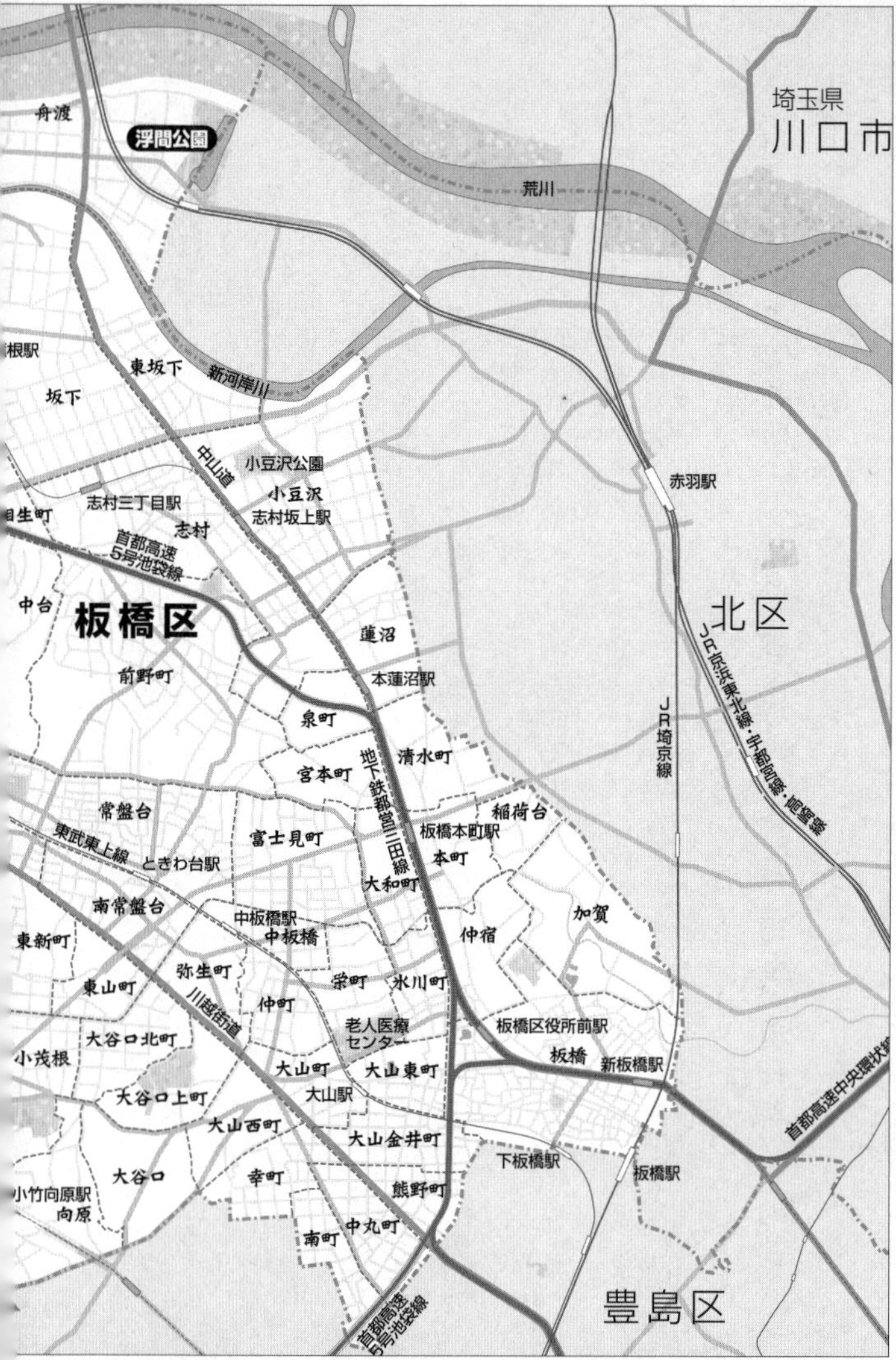

埼玉県
川口市
舟渡
浮間公園
荒川
新河岸川
東坂下
坂下
根駅
中山道
小豆沢公園
小豆沢
志村坂上駅
赤羽駅
志村三丁目駅
志村
相生町
首都高速
5号池袋線
中台
板橋区
北区
JR京浜東北線・宇都宮線・高崎線
JR埼京線
蓮沼
前野町
本蓮沼駅
泉町
清水町
宮本町
地下鉄都営三田線
稲荷台
常盤台
富士見町
板橋本町駅
東武東上線
ときわ台駅
本町
大和町
南常盤台
加賀
中板橋駅
中板橋
仲宿
東新町
弥生町
東山町
栄町
氷川町
川越街道
仲町
老人医療センター
板橋区役所前駅
大谷口北町
板橋
新板橋駅
小茂根
大山町
大山東町
首都高速中央環状線
大山駅
大谷口上町
大山西町
大山金井町
下板橋駅
板橋駅
大谷口
幸町
熊野町
小竹向原駅
向原
中丸町
南町
首都高速
5号池袋線
豊島区

# 板橋区地図

荒川
新河岸
新河岸
水再生センター
埼玉県
和光市
西高島平駅
中央卸売市場
板橋市場
三園
高島平駅
地下鉄都営三田線
高島平駅
高島平
西台駅
赤塚公園
赤塚公園
大門
首都高速5号池袋線
東京大仏
成増
東武東上線
川越街道
成増駅
赤塚
新大宮バイパス
四葉
西台
地下鉄
成増駅
徳丸
赤塚新町
下赤塚駅
地下鉄
赤塚駅
東武練馬駅
若木
光が丘公園
上板
上板
桜
城北中央公
地下鉄有楽町線
北
練馬区
0
1km

# 板橋区の基礎データ

| | |
|---|---|
| 国 | 日本 |
| 地方 | 関東地方 |
| 都道府県 | 東京都 |
| 団体コード | 131199 |
| 面積 | 32.17km2 |
| 総人口 | 550,758 人<br>（2016 年 1 月 1 日現在） |
| 人口密度 | 16,455.2 人 /km2 |
| 隣接自治体 | 北区　豊島区　練馬区<br>埼玉県川口市、和光市 |
| 区の木 | ケヤキ |
| 区の花 | ニリンソウ |
| 区の鳥 | ハクセキレイ |
| 板橋区役所 所在地 | 〒173-8501　板橋区板橋二丁目 66 番 1 号 |
| 電話番号 | 03-3964-1111 |

※ 2016 年 1 月現在

●第2章●【歴史的に「道」に支配される板橋区】……53

# 第1章
# 板橋区って東京だったよね？

# 板橋区って何でこんなに無名なのよ？

## 山手線ゲームでは高確率で名前が出てこない！

東京23区を言い合う山手線ゲームをしてみると、高確率で残るのが板橋区である。試しに無作為に「23区すべて言えますか？」というアンケートを採ってみたところ、板橋区は杉並区、中野区、文京区と並んで名前が出てこない事が発覚した。

しかし板橋区以外の3区に関しては、街の名前があまりに有名なので逆に区名が出てこないという事情があり、有名な街が一つもない板橋区とは状況が大きく違う。予想以上に知名度の高かった足立区や練馬区は車のナンバーとして覚えている人が多く、またひと昔前は地味だった江東区など今では臨海副都心としてメジャーになってしまった。

アンケート結果を見ると、板橋区の名前は知っていても場所がわからなかったり、ましてや埼玉県と間違えている人があまりに多かった。荒川を渡った北側を指差して「板橋区はここ」と言われても対応に困る。そこはすでに行政区分が23区どころか都ですらない。

板橋はどこよりも歴史が古いのに、この圧倒的なまでの知名度のなさはどうした事か。一区民として「汚名を晴らしたい！」と言いたいところだが、板橋区は悲しい事に「汚名すらない無名」なのである。

## 「板橋区」を知っていてもその中身を誰も知らない！

次に気になったのが、板橋区の名前を正確に言えたとしても、町の名前が全く知られていない点である。

アンケート結果を見ると板橋という町名の知名度が高そうだが、これにもカラクリがあって、「板橋区だから……板橋町？」という回答が非常に多かったのだ（いわゆる当てずっぽうである）。こうした胡散臭い回答を不正解として省いてしまうと、町名を答えられた人数が激減してしまうため、板橋区民のプライドとしてそのまま残してみた。これは捏造ではなく板橋区への愛である。

さらに深くアンケート結果を考察してみると、駅名として使われている町名の知名度が比較的高く、大街道や国道が交差する大和町や熊野町の交差点の知名度もそこそこあると言えそうだ。例外として駅名ではない仲宿という地名が上位に入っているが、そこは宿場町時代に最も栄えていた場所であり、今も巨大な商店街として賑わっているため名が知られているのだろうと推測できる。

しかしこういった「板橋区内としては有名な町」であっても、隣近所の池袋や巣鴨と比べると全国的な知名度は皆無に等しいのだ。

# 板橋区って地味なのに貧乏人だけやたらと目立ってない？

## 板橋区の素晴らしさを教育してやる！

板橋区に対して都民の風当たりは厳しい。荒川の向こうを指して「板橋区？」などというのはカンベンしてほしい。そこは戸田市や和光市で埼玉県だっての。頼むから私の愛する板橋区を川向こうに追いやろうとするな！　23区内に入れてくれよ！

というわけで、板橋区民歴40年以上の人間としてあまりに憤りを感じたため、本書では皆さんに対して様々なデータを突き付け、板橋区がいかに素晴らしい土地か存分に知っていただこうと思う。世田谷や目黒のような、口に出しただけで格好いい土地に住んでいる連中に一泡吹かせてくれようぞ！

さて、まずは定番の土地面積や人口から見ていくと、板橋区の面積は32・17㎢で、これは東京23区中9位の広さとなっている。……って、気のせいか何か地味な数字だな。広くもなく狭くもなく、これはちょっと言葉につまる。

では気を取り直して人口はというと、55万758人で23区中7位の……って7位？　トップ3はおろかベスト5にも入らない7位かぁ。ただでさえ無名なことで困っている板橋区なのに、データまで地味で特徴がないとはどういう事か。これらの数字から、何が見えてくるか強引に考えるならば、人口も面積も都の平均より少し上にいる程度のなんとも中途半端な区だとわかる程度である。悲しいが何のアピールにもなっていない。

## 税金のデータを見たらちょっと不安になってきた

このままじゃネタにならなくて本が成立しなくなる予感がするので、何も見なかった事にして税収面から板橋区について考察してみよう。2013年の板橋区民1人あたりの都民税負担額は11万7374円となっており、これは23区中18位という低さである。さらにこれだけ負担額は低いのに、税金の滞納率が2・5％と23区中ワースト5位で、板橋区には裕福ではない区民が多そうだというイメージが浮かぶ。「裕福ではない」という言葉は歯に物が挟まっているようで気持ち悪いからはっきり言ってしまおう。板橋区はちょっと「貧乏人が多い土地」のようである。23区でも比較的税金が安い方なのに、それでも払えない区民が多いのだから、これはもう弁解の余地もないだろう。

続いて国民健康保険の加入者数はというと、板橋区の人口約55万人中15万992人で、加入率は27・93％となっている。比較として新宿区は32・4％、足立区は31・98％で、板橋区は貧乏イメージの強烈な足立区よりさらに加入率が低い計算になる。

しかしこれはそれだけ板橋区には社会保険の加入者が多い、いわゆるきちんと会社勤めをしている人間が多いのだろうと好意的に解釈したのだが、保険料の収納率を見てかすかに考えが揺らいでしまった。何と板橋区は都内でも収納率の悪いグループに属している。これはもしかして、純粋に金を払ってない人間が多いというだけの事ではなかろうか？

## 生活保護者を調べたら目を覆いたくなってきた

あまりに不安になったので、禁断の果実ともいうべき生活保護者の数を調べ上げた。……その数値を見て、早くもこの本の編纂を引き受けたことに激しく後悔した。生活保護を受けている世帯数は1万4252世帯と足立区、江戸川区に次いで3位、人数でのランキングでも1万9230人と、これまた23区中3位の多さなのだ。保護率では台東区が4・75％で1位となって、足立区が3・78％で2位、板橋区は3・54％の3位とをキープとフォローの方法が見当たらない。板橋区は一切の誤魔化しがきかないほど貧乏人だらけだったのである！

知名度・土地面積・人口・税収と、あらゆる面で何も特筆すべき点がないかと思われた板橋区なのに、話題が貧乏人の数になった途端にこれか。

「ビンボー人の多さじゃ負けないぜ。まあ足立区には負けるけどな！」

……こんなネタでは間違っても「23区でも3本指に！」なんて言えるわけがない。「地味で貧乏」って、どれだけ救いがないんだ板橋区！

## 国民健康保険各種データ

| 国民健康保険加入状況 | | |
|---|---|---|
| | 被保険者数 | 加入率（%） |
| 板橋区 | 153,347 | 27.93 |
| 新宿区 | 105,762 | 32.40 |
| 足立区 | 218,481 | 31.98 |

東京都福祉保健局 国民健康保険事業状況（2013）より作成

| 保険料収納率 | | |
|---|---|---|
| | 収納率 | 順位 |
| 板橋区 | 83.05 | 17 |
| 新宿区 | 82.50 | 19 |
| 足立区 | 81.42 | 23 |

厚生労働省平成25年度国民健康保険（市町村）の財政状況についてより作成

### 生活保護者数

| | 人員 | 保護率 |
|---|---|---|
| 板橋区 | 19,230 | 35.4 |
| 新宿区 | 10,555 | 31.6 |
| 足立区 | 26,090 | 37.8 |

東京都福祉保健局 福祉・衛生　統計年報（2014）より作成

# 地味でビンボーな板橋区民は何をやっているの？

## 元宿場町仲間に登場してもらいました

土地面積や人口といったデータを見る限りでは、板橋区はイメージ通りに地味で特徴がない。しかし国保や税収といった項目を見ると一気に雲行きが怪しくなり、ただ地味なのではなく「貧乏人だけは多いぜ！」というダメなオーラが漂ってくる。

ではそんな貧乏人比率の高いマイナーな土地に住んでいる区民達は、一体何を生業として生活しているのだろうか？　まずは正攻法という事で区の統計データを調べてみたのだが、卸売り業と小売業に従事している区民が最も多く、続いて飲食業を含むサービス業や製造業がランキング上位。これが25頁の職種データなのだが、より板橋らしさを鮮明にするために、比較対象として江戸の宿場町仲間である新宿区（内藤新宿）と足立区（千住宿）にもご協力いただく事にした。これ以降も両区との比較を行っていくが、江戸時代からのご縁という事でご了承願いたい。ちなみに「何かというと宿場町の名称を持ち出す」というのは、典型的な古い板橋区民の特徴。それが一体どうしてなのかは、この本を読み進めていけば嫌でもわかるはずだ。

## 商店と職人の町板橋　必要なものは大体完備？

板橋区は大まかに3つに区分けできる。まず板橋区の行政の中心地であり、最も都心に近い南東部は、商店街が集中しているため小売店が多い。そして志村周辺の北部地域は工業地帯として発展しており、有名企業や世界的シェアを持つ精密機器メーカーなどが集中している。最後に成増や高島平といったベッドタウンに特化した北西地域と、面白いほどはっきりとした違いがあるのだ。商店や工場が多いのだから卸売り・小売業が1位というのは実に納得できる結果である。他の区を見てみると、新宿はサービス業と飲食業が全体の約46%を占めているが、これは歌舞伎町をはじめとする大繁華街を抱えているためで、この数値を元にすると自然とその地域の町並みや人通りが頭に浮かぶだろう。

そういった意味では、全体的に数値の似ている板橋区と足立区を比較した際に、一部に大きな差が出ている点が興味深い。足立区は飲食業とサービス業を合わせて約26%なのに対し、板橋区は30%と高めで、逆に製造業や建設業の占める割合は足立区の方が約5%ほど大きい。こうした事から、板橋区は新宿区に比べると街の規模や設備がいまひとつだが、足立区ほど工業に特化した土地ではないという事がわかる。ではこのサービス業という枠組みの中に何が含まれているのか。

総務省統計局の産業分類では、サービス業の大分類として情報通信業・不動産業・飲食宿泊業・医療福祉・教育学習支援業・複合サービス事業・サービス業（他に分類されないもの）とされており、娯楽産業にレジャーや冠婚葬祭であるとか、法律事務所や興信所といった専門職、さらに洗濯屋や理髪店などもこれに入る。他には機械修理や宗教関連なども含まれ、早い話が直接物を売っ

**産業大分類別事業所数の割合**

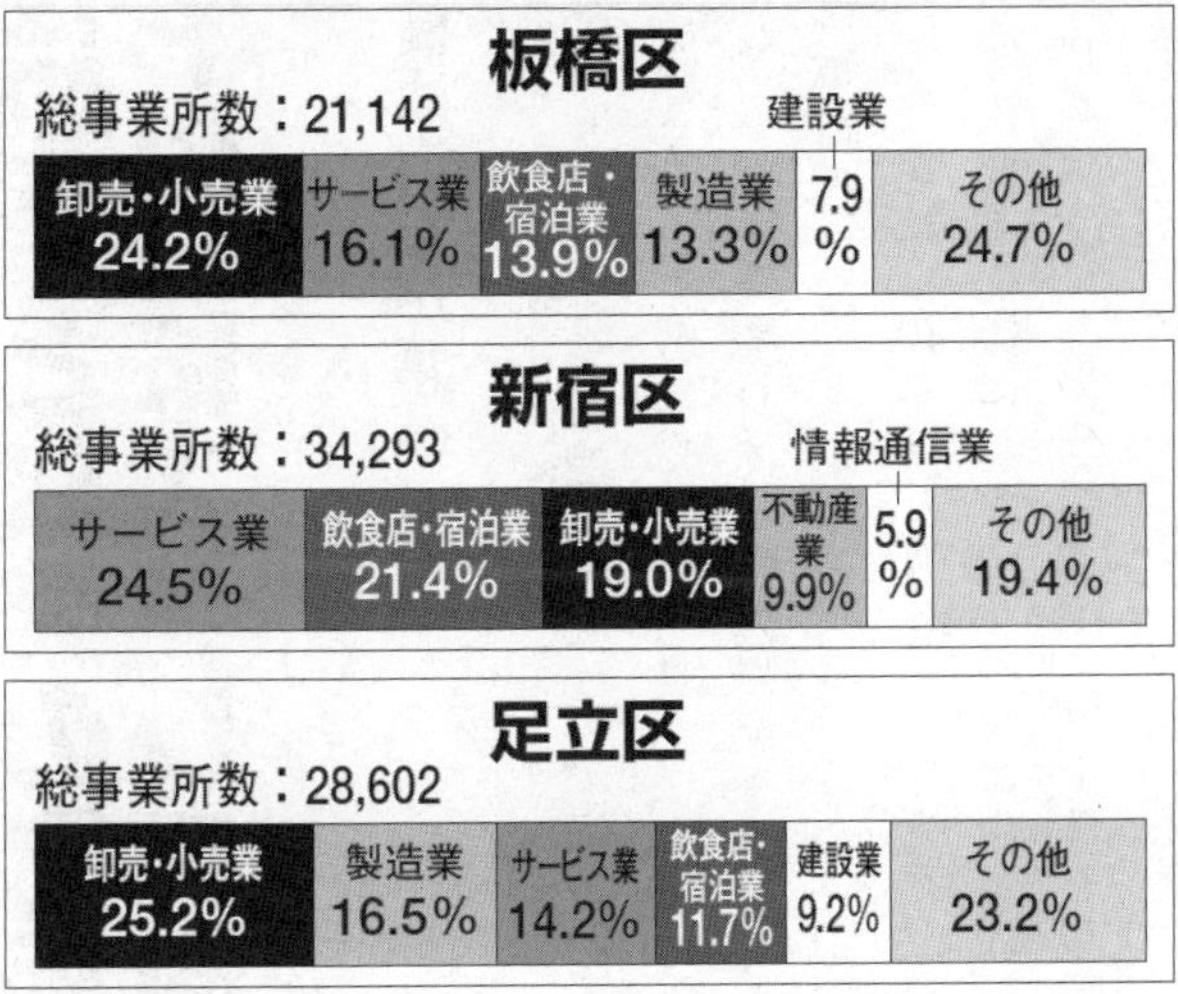


東京都総務局「平成18年事業所・企業統計調査報告」

て商売する以外の職業は、ほとんどがサービス業に分類されているのだ。

板橋区は古くから職人の町と言われてきたのだが、それがこの数値に表れているのである。よって板橋区には生活に密着した多種多様な業種が揃っており、意外と快適な生活が送れる土地なのだと言えそうだ。

# 性犯罪と放火の町板橋
# そんなにストレス溜まってんの!?

## 板橋は治安が悪いのか？

基本的なデータを見る限り、全てにおいて普通な板橋区だが（ビンボーだけど）、世間一般のイメージはどうなのだろうか？　というわけで、街角で無作為にアンケートを採ってみた。結果をみると、「よくわからない」が一番多いのは板橋の宿命だと納得するとして、「田舎」であるとか「埼玉県だよね？」という答えには憤りすら覚える。中でも二番目に多かった「治安が悪そう」に関しては何を根拠にしているのかと声を大にしたい。

一時期は連日のように全国ニュースとして、踏み切りに飛び込もうとした女性を助けて殉職された常盤台交番のお巡りさんの勇気ある行動が報じられ、「熱血警官のいる板橋区」というイメージがあるかとも思ったのだが、何が板橋区のイメージを悪くしているのだろうか？

## いい大人がマジでガキをリンチしちゃった

それでは、治安が悪いというイメージを持たれている板橋区で、近年起きた事件をいくつか紹介してみよう。

まずは「37歳女が17歳の少女をリンチし服を脱がせて撮影した」という事件。この事件は、不謹慎だがそのシチュエーションに大きな興味を持った方も少なくないと思う。話の流れがまるでAVやエロ本である。しかし事件の経緯を読み込んでいくと、板橋区の抱えている問題点が浮き彫りになってくるような気も。

まず事の発端は17歳の少女が37歳の女に対し「デブ」と罵った事にあるという。この時点で板橋の少年少女はどうなっているのかと不安になるが、若者に負けじと中年もどうかしており、37歳女は復讐のために自分の娘の友人（16歳

〜19歳）を集め、少女を公園に呼び出して殴る蹴るの暴行を加えたのだ。しかも少女をバックドロップでKOし、よってたかって下着まで剥ぎ取って撮影したという。暴言が気に食わないのはわかるが、何が37歳女をそこまで追い詰めたのか？　大人の余裕があれば、子供の暴言などいくらでもスルーできると思うのだが。

さて、素人の中年でもこれだけ荒れている板橋区なのだが、人生経験豊富なはずの老人も同じく何かがおかしい。「日本赤軍元メンバーがさきイカを万引きして逮捕」これなど文字列を眺めているだけで面白い。執行猶予中の日本赤軍の元メンバーというだけでただ事ではないが、それが生活保護を受けながら板橋区に潜伏し、おまけに1個600円という無駄に高級なさきイカを万引きして逮捕されるというねじれ具合が、なんとも板橋区らしい。

こうした人目をひく珍妙な事件のお陰で「いい年をした大人が追い詰められている板橋区」という、あまり有り難くないイメージが浮かび上がってしまうのかもしれない。

## 意外と凶悪な犯罪は少ないみたい

刑法犯の罪種別認知件数を見てみよう。東京都総数との割合を出してみると、板橋区＝３・９％、新宿区＝５・４％、足立区＝４・７％（端数四捨五入）となり、元々のイメージの悪さと比較すれば意外と数値が低い。犯罪の内訳では窃盗が特に多く、新宿区や足立区と同様に貧しさが犯罪を呼び込んでいると言えそうだが、殺人事件などの少なさが特徴的である。

地区別に見てみると、板橋署の管轄である南東部は繁華街だけあって全体的に犯罪発生件数が高く、暴行や傷害といった粗暴犯の多さが目立つ。また高島平は団地や住宅が密集していて人口が多いためか、強姦や猥褻といった性犯罪の割合が高まってしまうようだ。そして最後に志村署の管轄区域だが、区内で最も犯罪発生件数の少ない土地のわりに、殺人や強盗といった一線を越えてしまう人間が多く、工業地帯だからと言っていいのかどうか悩むが知能犯の占める割合が妙に少ない。短絡的な人間が多いのか？

次に最も割合の高い窃盗の発生分布を見てみると、これまた驚くほど地域の抱えた問題点が浮き彫りになってくる。近頃は地域住民の夜回りや警官のパトロールなどが徹底されてきたため、スリや住居侵入（空き巣）の被害が劇的に低下しており、この点は素直に喜ばしい事だと言える。しかし乗り物（バイクや自転車）盗難や万引きなどの非侵入盗の発生件数は、増えたり横ばいだったりという現状だ。特に悩ましいのは乗り物盗難の増加で、他の項目は減っている地域があるにもかかわらず、これだけは全地域で増加している。

またひったくりの発生分布では、特に赤塚・常盤台・志村に集中している事がわかり、これらの地域は環七・川越街道・新大宮バイパス・山手通りといった大型道路に面した地域という共通点がある。

こうした地域は現地を訪れてみれば理解が早いと思うが、細かい路地からでも、土地勘さえあればたいして信号にも捕まらずにすんなりと大道路に出られてしまう。こうした道に恵まれた土地柄を悪用し、短絡的な犯罪に手を染める輩が続出しているのだろう。

## 性犯罪と放火が多いってストレス溜まりすぎ？

先ほどの罪種別認知件数において、あえて書かなかった事がある。板橋区は殺人や強盗といった凶悪犯罪が少ないと言ったが、強姦や猥褻といった性犯罪の割合が何故か高いのだ。巨大繁華街を抱えて誘惑だらけの新宿区が１・０７％と多いのは納得できるが、飲み屋とパチンコ屋しかないような板橋区で０・８９％と、かなりの追い上げを見せてしまう点に不安を感じる。

また最大の問題点はあまりの放火の多さである。犯罪の発生件数に比例してほとんどの項目が新宿、足立を下回っているのに、放火だけは足立区と同等であり、新宿を上回ってしまうのだ。東京都総数との割合を出してみると、東京都で発生した放火事件の内の、実に４・２％が板橋区で起きている計算になる。新宿区が２・１％で、足立区が６・３％なのだから、この放火発生率の高さはなかなかなものだ。ちなみに放火が東京都の火災原因の一位になったのは昭和52年からで、それ以降はひたすら放火火災が火災原因の１位。また放火の場所については、最も多いのが屋外となっており、これは公園や道路におけるゴミや紙くずなどへの放火が該当する。続いて建物内での放火で、廊下や階段といった共有部分が標的とされる事が多いようだ。

こうした放火犯の動機を調べてみると、増加傾向にあるのは怨恨や日常生活で味わった怒りのはけ口という、一種のストレス発散目的での放火で、仕事が上手くいかないであるとか、女にもてないといった、何とも自分勝手な理由が多く目立つ。

放火犯に共通する特徴として、ある警察大学の講師は、次の3つを挙げている「1知能の欠陥、2家庭的な欠陥、3身体的な欠陥」（警察大学講師近藤一歳氏の論文より）。

これらをまとめて考えてみると、板橋区で放火が多い理由は「何らかの欠陥やストレスを抱えた怒りっぽくて自分勝手な人間が大勢住んでいるから」という、全く救いのない結論が出てしまう。やはり板橋区の大人は追い詰められていたのである。

## 刑法犯の罪種別認知件数（警察署別）

| 警察署 | 総数 | 凶悪犯 | | | | 粗暴犯 | | | 窃盗 | 知能犯 | 風俗犯 | | その他刑法犯 |
|---|---|---|---|---|---|---|---|---|---|---|---|---|---|
| | | 殺人 | 強盗 | 放火 | 強姦 | 暴行 | 傷害・傷害致死 | 脅迫・恐喝・その他 | | | 賭博 | わいせつ | |
| 東京都総数 | 160,120 | 127 | 491 | 96 | 193 | 4,572 | 3,309 | 963 | 117,250 | 8,010 | 21 | 1,373 | 23,715 |
| 板橋区 | 6,209 | 6 | 25 | 4 | 3 | 109 | 105 | 18 | 4,631 | 281 | 0 | 52 | 975 |
| 板橋 | 2,651 | 1 | 7 | 3 | 2 | 42 | 47 | 7 | 2,023 | 122 | - | 15 | 382 |
| 志村 | 1,524 | 3 | 8 | - | - | 35 | 19 | 9 | 1,096 | 70 | - | 13 | 271 |
| 高島平 | 2,034 | 2 | 10 | 1 | 1 | 32 | 39 | 2 | 1,512 | 89 | - | 24 | 322 |
| 新宿区 | 8,210 | 8 | 64 | 2 | 12 | 394 | 298 | 60 | 5,654 | 456 | 4 | 73 | 1,185 |
| 足立区 | 7,582 | 6 | 21 | 6 | 10 | 185 | 184 | 60 | 5,498 | 328 | 2 | 92 | 1,190 |

警視庁統計（2014）より作成

比較的古い町並みと入り組んだ小路が多い板橋区だけに、軽い出火が致命傷になりかねない。放火はダメ！

# 悪ガキが暴れる板橋区
# 少年犯罪の内容がなんだかセコい？

## 昔よりも悪化中？

大人の荒れ具合や余裕のなさを見せ付けられる度に「子は親を映す鏡」という言葉が浮かび、板橋区の少年少女に対しても不安がよぎる。私は過去に何度も区外の人間から「板橋っていまだに暴走族がいるんでしょ？」などと言われて心を痛めたことがあるのだが、せっかくの機会なので正直に告白しよう。私が子供時代の板橋区に限れば、噂の七割は真実だった。小学校の同級生が手に鉄パイプを持って他校の生徒と決闘しようとしていたとか、他校の生徒数十人に追い回されたとか、小学校の体育館倉庫のマットの中から使用済みコンドームが出てきたとか、少し上の先輩達にトンデモなく恐ろしい武闘派暴走族がいたとか、そんな想い出を挙げていったらキリがない。しかしそれは全て昔話であって、30年以上経った今はいくらか改善されているはずだ。

## あんまり改善されていないようで

……が、「板橋区」と「少年犯罪」というキーワードでネット検索してみると、私が子供の頃と何ひとつ変わっていないどころか、むしろ犯罪行為の内容がより悪質になっているように感じるニュースが次々とヒット。例えば「友情の証とタイマンに加勢し9人逮捕」という事件など、事件が起きた場所は大山駅の改札口のすぐ目の前である。全国でも有数の巨大商店街の中心部でガキ同士の決闘が行われたのだ。私はこの事件が起きた直後に、何も知らずに大山駅の前を通り、夜でも明るい商店街の一角にべっちょりと血痕が残っていたのを目撃した。普通は決闘するにしても、もっと人目のない路地裏であるとか、公園であるとか、それ相応の場所を選ぶはずなのだが、今の子供は違うようだ。

しかし、中には単純に笑い飛ばせないもっと悪質な事件もある。例えば「泥棒カンパニーの少年逮捕」という事件は、16歳から21歳までのガキが7人も集まって、東京だけでなく関東全域で窃盗行為を繰り返し、犯罪総額は3千700万円にも及んだという。しかもご丁寧に仲間内で社長だの平社員だのと格付けまでしていたそうで、ここにとんでもない幼稚さを感じないだろうか。「ボクは社長でキミは副社長ね！」などと呼び合うその発想が、幼稚園児レベルに思えて仕方ない。しかも盗んで得た金を風俗遊びなどに使っていたというのだから、頭は幼稚でも性欲はいっちょまえかと罵りたい気持ちになる。

## 同じ不良でもヘタレ気味

こうした壊れた子供を生み出す要因はなんだろう。学校や親のせいか、それとも板橋区という土地のせいなのだろうか。特殊な例を取り上げて全体を論じるわけにもいかないので、冷静に分析してみよう。

板橋区では少年による凶悪犯罪は滅多に起きないが、窃盗や知能犯は新宿を上回っており、物盗り目当ての狡賢いガキが多いように思う。さらに暴行犯はいないのに傷害で捕まるケースが多いという事は、どこまでやったら相手が怪我をするかわかっていない、いわゆる喧嘩慣れしてないヤツや、あと先考えられないバカが多いのだと予想できる。分布としては、傷害事件は区内で最も繁華街的な賑わいを持っている南東部に集中し、窃盗事件が多いのは住宅や団地の密集した北西部である。ここから悪ガキ共の生活サイクルを考えてみると、奴らは日中は南東部のゲーセンやパチンコ屋などに入り浸り、遊ぶ金がなくなると北西部で遊ぶ金欲しさの窃盗に及ぶといったパターンが見えてくる。

私より少し年上の地元の先輩によると、一昔前なら悪さばかりして目立っていると現役の暴走族の兄さんに「もっと気合の入ったことやれ」と拉致スレスレの勧誘を受けたり、もっと酷い場合は裏稼業のオジ様にヘッドハントされて、更正するか否か考えさせられたりしたそうだが、今や暴対法等のお陰で「より強い暴力で悪ガキに教え込む」という手法が難しい。こうした「教えて貰えない」という点も、ガキが再現なく甘ったれて行く理由だろう。前述の先輩いわく「極悪や金鹿が元気だった時代ならさらってるよ」だそうだ。

## 犯罪少年（刑法犯）の罪種別検挙人員（警察署別）

| 警察署 | 総数 | 凶悪犯 | | | | 粗暴犯 | | | 窃盗 | 知能犯 | 風俗犯 | | その他刑法犯 |
|---|---|---|---|---|---|---|---|---|---|---|---|---|---|
| | | 殺人 | 強盗 | 放火 | 強姦 | 暴行 | 傷害・傷害致死 | 脅迫・恐喝・その他 | | | 賭博 | わいせつ | |
| 東京都総数 | 4,589 | 4 | 65 | 6 | 14 | 92 | 308 | 77 | 2,476 | 192 | 3 | 39 | 1,313 |
| 板橋区 | 142 | 0 | 5 | 1 | 0 | 2 | 7 | 0 | 59 | 8 | 0 | 1 | 56 |
| 板橋 | 40 | 0 | 0 | 0 | 0 | 0 | 3 | 0 | 23 | 3 | 0 | 0 | 11 |
| 志村 | 56 | 0 | 5 | 0 | 0 | 0 | 1 | 0 | 23 | 2 | 0 | 0 | 24 |
| 高島平 | 46 | 0 | 0 | 1 | 0 | 2 | 3 | 0 | 13 | 3 | 0 | 1 | 21 |
| 新宿区 | 151 | 0 | 2 | 1 | 0 | 6 | 13 | 2 | 70 | 10 | 0 | 0 | 45 |
| 足立区 | 300 | 0 | 1 | 0 | 0 | 1 | 47 | 10 | 154 | 6 | 0 | 3 | 78 |

警視庁統計（2014）より作成

真昼間からダンスの練習に熱中する若者たち。こんな風に何かがんばれるものがある子たちは良いんだけど

# 板橋区ではオバちゃんまでもが暴走族だった！

## 区内の暴走族は減ったが自転車マナーの悪さでカバー

板橋区というと「暴走族がいるんでしょ！」という声が挙がるのだが、今となってはそれは大間違いである。確かに昔の板橋区には根性の入った暴走族がいて、皆それぞれ命がけで傾いていた。その中でも伝説と言われているのが「板橋極悪」で、このチームは強烈な上下関係と徹底した教育により、日本一危ないと目されていたのである。

しかし極悪は国士舘系の人間が中心になって結成されただけあって統制が取れており、またアウトローとしての身をわきまえていて、弱者を攻撃対象にするような真似はしなかったという。実際に引退した元メンバーの方に会ってみると、物腰の柔らかい礼儀正しい人物が多く、今の社会性の欠片もない悪ガキとはまるで別人種なのだ。さらにこうした板橋区の暴走族は傑物を輩出しており、博士号を取得してホタル研究の第一人者になった方や、大成功した有名デベロッパーなどもいる。

こんな尊敬すべき先輩がいる土地だというのに、今では男が惚れるアウトローなどおらず、ただ世の中を舐めたガキが原付でプラプラと走り回っているだけでしかない。暴走族やアウトローは社会悪であり、存在しないに越した事はないのだが、どうせ悪さをしたいなら徹底的にやってみせろと言いたい。しかしこんな愚痴をこぼす中年以上の世代であっても公共性のない人間が目立ち、板橋の民度低下に拍車をかけている。

参考として板橋区が行った区民満足度調査というデータがあるのだが、それによると「安全・安心」という分類の中で区民が最も不安がっているのは「自転車利用マナー」で、実に約5割の区民が「不満である」と答えている。比較対象として他の項目で区民が不満と答えた割合を並べてみると、防災意識＝9・4％、震災に強い街＝27・4％、水害対策＝16・6％、防犯対策＝12・7％となっており、自転車利用マナーの48・2%という数字は圧倒的だ。

ちなみにこの数字は満足度調査の全55項目の中で最も大きく、板橋区民の最大の悩みはチャリンコ暴走族だと言えるのだ。では具体的にどんな自転車マナーが問題になっているのかというと、それは一度でも板橋の商店街を歩いてみればわかる。

若者の運転マナーも酷いが、それ以上に最低限の交通ルールすら把握していないオバちゃんが最悪なのだ。板橋区には規模の大きい商店街が多数存在しているため、日中から夕方まで人の往来が多く、旧街道に面した場所は車の通りもある。だが買い物に夢中なオバちゃんは値札以外は目に入らないらしく、横だけ向いて走るなんてのは当たり前で、タイムサービス目当てなのか人ごみを猛スピードで走った挙げ句に子供をはねてみたり、かと思うと予想外のタイミングで急停車し、止めてある自転車を出す際も前後確認など一切しない。昔のように「武闘派暴走族がいて怖い」と言えればまだ諦めもついたのに、こんな有り様じゃ話題にすらできないって！

スゴい改造バイクはかなりの深夜にならないと見られない。板橋区内の某所にはかなりの数が集結するぞ

駐輪場の少なさも関係しているのかもしれないが、この状況は明らかに通行を阻害しまくっているよねぇ

# 板橋区の最善策は「トンビが鷹を産む」こと

## 老いも若きもマナーが悪い

板橋の大人は精神的に追い詰められていて、あちこち放火してストレス発散してみたり、もしくはたがが外れて性犯罪を犯す。そしてガキは甘ったれ、遊ぶ金欲しさに窃盗事件を起こしまくる。こんな板橋区に誰がしたのか？こういった場合に凡百のマスコミは「ゆとり教育が！」とか「不況の波が！」などと犯人探しを始めるものだが、私はあえて「トンビから鷹は産まれないからだ」と断言したい。

大人のマナーの悪さや公共心の欠落を見るに、板橋区にはいつこうなってもおかしくない土壌が、以前から整っていたのだ。例えば街中を歩いてみると、路上喫煙禁止区域であっても平気でタバコをふかしている大人があまりにも多すぎる。木造建築の家が多く残っているというのに、そんな住宅地で火のついたタバコを投げ捨てられる神経が理解できない。

世代問わずこうした非常識かつ危機意識の欠落した連中が揃っているからこそ、結果として放火火災が異常に多いという不名誉な結果にも繋がってしまうのではあるまいか？　私も喫煙者なのだが、こういった連中の暴挙のお陰で自分まで白い目で見られているかと思うと、嘆かわしいより先に憤りを感じる。

## バカ親どもを何とかしてくれ！

板橋駅周辺や大山などを飲み歩いていると、夜遅くに子供連れで居酒屋に来るバカ親との遭遇率が非常に高い。板橋区であっても昔は大人の店と子連れが許される店とがはっきりと色分けされていたはずだ。そもそも店の良し悪し以前に、23時過ぎなんて時間に子供を連れ歩くとは何を考えているのか？

しかしそういうダメな親は、他人にこのような事を言われたところで何がおかしいのか理解せず、むしろ「他人の家の事に口を出すな！」と怒り出すのだろう。言ってみればそういう人格の持ち主だからこそ、平然とした顔で夜中に子連れで飲み屋街をふらつき回れるのだ。そして子供達はこうした大人の非常識さを見てそれが当然なんだと思い込み、何年か後に次世代のダメな大人として負の大活躍を始めるのである。

前の世代の民度が低ければ、次の世代の民度はもっと低くなる。それが自然の道理であり、板橋区の抱える問題点の根幹なのだ。

従って板橋区では悪ガキをどうこうする以前に、中年～老人世代に対するマナーや良識の再教育が急務だと言えるのではないか。まだ素直さの残った子供の方が、非常識なまま頭の凝り固まってしまった大人より扱いやすいくらいだ。例えば満足度調査で「自転車マナーが悪い」と不満を漏らした区民が５割もいたが、ではそう答えた人間のマナーは良いと言えるのか？

今以上に犯罪発生件数を減らしたいとか、より安全な町にしたいと思うのであれば、まずは大人達が自分の振る舞いを省みねばなるまい。

中高年といえども問題はある。爆走自転車は四六時中出没し、轢かれる老若男女が四六時中発生している？

子供を放置して飲みに行くのも問題だが、深夜まで子供を連れて飲むのはかなり問題。最近の若い親は！

板橋区コラム 1 観光編

# 「板橋」って結局どこだったの？混乱する区名の由来

「板橋ってどこ？」などという見出しだけでは「さらに板橋を叩くのか！」と誤解を招きそうだが、ここでは板橋の由来になった場所と歴史について考えてみたい。

板橋の由来には諸説あり、旧中山道沿いの中宿と上宿（現在の仲宿商店街と板橋本町商店街）の間にかかっている橋が由来だという説がまず一つ。板橋区の広報資料などでもこの説を最有力としており、区や地元民の努力で橋周辺の景観が守られ、今でも美しい姿を残しているという点も、この説に説得力を与えている。特に春に板橋の上から石神井川を見ると、川の流れに沿って延々と桜が咲き乱れており、昼間も夜間も通行人が桜に見惚れている光景が目に付く。

真の「板橋」の称号をめぐって争う各勢力。権威性では旧板橋宿系の商店街群が有利だが、実在地は、果たして？

しかしいくら素晴らしい景色だとしても、橋の途中で車を停めて花見をするのは止めよう。さらに橋の上で地べたに座り込んで宴会をするのもどうかと思う。旧道とは言っても未だに人や車の往来が多い道なのだから、板橋区民全体の民度が疑われるので、それだけは是非とも控えて頂きたい。

この板橋へは都営三田線の板橋区役所前で下車し、今どき珍しいほど人で賑わう仲宿商店街をひたすら歩けば辿り着けるので、桜の季節になったら是非一度訪れてみてほしい。付近にあるお寺や縁切り榎といった名所旧跡を回りつつ、板橋宿の繁栄に思いを馳せながら散歩を楽しんでみてはいかがだろう？

さて、板橋の由来を巡ってはまだ色々と説がある。『源平盛衰記』や『延慶本平家物語』といった書物の中に、源頼朝が陣を張った場所が板橋だという記述が出てくるのだが、『源平盛衰記』ではその場所が『滝野川松橋』とされており『延慶本平家物語』では「たきの川いたはし」と書かれているため、板橋区と滝野川を擁する北区との間で殺伐とした論争が繰り広げられている。

滝野川というのは石神井川の別名であるから、板橋区は「石神井川の板橋を松橋と誤ったのだ」と主張し、北区は「字面の通り滝野川の松橋と読めよ」と主張している。しかし資料的価値という観点から考えると『源平盛衰記』は「平家物語を元にした異本」とされる事が多く、その点では『延慶本平家物語』の方に分があるのかもしれない。ただ問題なのが、『延慶本平家物語』にしても記述がどこまで正確なのかわからないという点なのだが。

このように二転三転する板橋論争だが、今から千年も前に川に立派な橋を架けていたというのは驚異的な事である。というのも「川に橋を架ける」のが当たり前になったのはごく最近の事で、江戸時代辺りまでは川は歩くか舟で渡るのが普通だったからだ。それが記録に残っている限り鎌倉時代にはすでに橋が架かっていたのだから、それは大評判になった事だろう。

そんな所から「あそこには立派な板の橋があってな」と口伝えされて行き、気付けば「板橋」という地名が定着したのではなかろうか？　それ以降も板橋という地名は使われ続け、村の名前になり、宿場の名前となり、近年には区の名前となって今に至るのである。橋がどこにあったとかいう大人気ない喧嘩をするより、「板橋とは人々の感謝の気持ちが発端となって生まれた地名なんだ」と主張する方がよっぽど美しいと思わないか？

最後にもう一つ板橋の由来をご紹介しよう。それはこれまで書いてきた事が全てぶち壊しになってしまう内容なのだが、板橋愛に溢れた区民の皆様におかれましては、一つの説として軽く聞き流していただければ幸いでございます。

そんな前置きをしてからじゃないと口にし辛いのだが、今から千年も前となると、橋というのは一生お目にかかれない可能性すらあるレアな物だった。と、ここまでは前頁で紹介した説と殆ど同じなのだが、この後がだいぶ違う。だから板橋とは言っても「今で言う橋」があった訳じゃなく「イタ（段丘）のハシ（端）

にある地域」という意味で、古代に「イタハシ」と呼ばれていただけなのではないか？　と続いてしまうのだ。

段丘とは河川沿いや海岸線でよく見られる地形で、浸食や隆起によって階段状になった丘の事を指す。板橋には今も荒川、新河岸川、石神井川といった大きな川が流れているし、その付近にはやけに傾斜の厳しい、坂というより崖のような土地も多い。それに河岸段丘と呼ぶしかない階段状になった地形も生々しいまでに残されている。試しに都営三田線の板橋本町駅や本蓮沼駅の辺りから、北区の赤羽駅や東十条駅方面へ歩いてみれば、(決してオススメはしないが)未だにそういった段丘の凄みを味わう事が出来る。板橋区には「板の橋」も残っているが、確かに「イタ（段丘）のハシ（端）」でもあるという事で、この説は決して無視できないのである。

しかしこの説だけでは板橋区民というのが「崖に住んでるヤツら」という意味の蔑称のように感じてしまうので、個人的にはあくまで異説の一つとしておきたい。まあしかし和を以て貴しとなす日本人として、どれか一つの説を選んで角が立つのも嫌なので、以下のように全ての説をひとまとめにしてしまってはどうだろう？

現在の板橋区の辺りは、古代にその段丘地形から「イタ（段丘）ハシ（端）」と呼ばれていた。鎌倉時代になるとそこに当時としては珍しい橋が架けられ、その橋が旅人の間で評判となって「板橋」という地名が定着し、旅人の往来だけでなく行軍路としても頻繁に使用されるなど、交通の要所として認知されるようになった。

江戸時代に入ると「板橋」は鎌倉時代からの永きに渡って旅人に愛されてきた地名である事から、江戸の玄関口にあたる中山道の宿場町の名称に相応しいとされ、江戸四宿に数えられた板橋宿が誕生する。板橋宿には50軒程度の旅籠があり、また岡場所と呼ばれる遊郭も存在し、一大歓楽街として大いに賑わう事となった。

明治時代になると大火で板橋宿の中心部が焼け野原になるなど不幸に見舞われたが、人々の努力で「板橋」は守られ続け、土地のシンボルとして、また区名として、今もなお「板橋」が残されているのである。ほら、なんとか綺麗にまとまった。

第2章

# 歴史的に「道」に支配される板橋区

# 千年にわたって珍走団（暴走族）に悩まされる板橋区！

## 頼朝も義経も謙信も暴走族みたいなもん

地名として板橋の名前が文献に初登場するのは、鎌倉時代に書かれたとされる『延慶本平家物語』である。かの有名な源頼朝が旗揚げの際に陣を張り、弟の義経も板橋を通過している。これが１１８０年の事とされているので、平安末期にはすでに板橋が交通の要所だった事がわかる。

戦国時代に入ると関東管領上杉家と小田原の北条家の抗争でしばしば戦場となり、上杉謙信も関東出兵時に板橋を通過している。このように有名武将だけでも多くの記録が残されているのだが、ミーハー気分を抑えて冷静に考えてみてほしい。派手な甲冑を着て馬に乗った武装集団を、今の時代に例えるなら何だろう？　それこそまさしく特攻服を着込んでキラキラの改造車で疾走する珍走団（旧名＝暴走族）ではないか。なんと板橋区は平安の昔から珍走団に悩まされ続けたという、あまりに衝撃的な事実があったのだ。戦国時代の軍勢など物資は現地調達が常識だったのだから、軍勢が通過する度に「米をよこせ」だの「女をよこせ」だのと難癖をつけられ、少しでも機嫌を損ねたら斬り殺されもしただろう。決して文献には残らない被害が山ほどあったに違いない。

珍走団の話を抜きにしても、板橋区は大型の道路が縦横無尽に走っているため、交通量が都内の他地域と比較してもかなり多い。古くから街道として栄えた中山道（国道17号）や川越街道（国道254号）に、環状七号線や、平成18年にやっと全線開通した環状八号線、さらに環状六号線こと山手通り、それに加えて首都高の池袋線や中央環状線と、まるで人体を走る血管のような有り様なのだ。これだけ主要道路が集中してしまっているのだから「そりゃ珍走団も集まるわな」というもので、年末年始の時期などは初日の出を拝みに行く珍走団が元気に行列を作って走っている。普段であってもドンキホーテのような深夜営業の大型店舗の前に仰々しいバイクや改造車が停まっており、迷惑を通り越してすでに日常の光景なのである。

## もっとも由緒正しい中山道だが現在は……

それでは、板橋区の運命を左右し続ける幹線道をそれぞれ見ていこう。

まず、板橋区のメインストリートである「中山道」（中仙道とも表記することがあるが、中山道が正しい）。東海道や甲州街道などと並ぶ五街道の一つであり、本州中部の内陸側を経由する江戸幕府にとって重要な街道。起点は日本橋であり、終点は京都の三条大橋だ。

江戸時代にはおよそ30と言われる大名の参勤交代に利用された。歴史的にも、前身である「東山道」の頃から古代～中世にかけて東国と西国を繋ぐ重要路線であり、非常に史跡価値のある街道なのだが、板橋区民にとっては巣鴨を通って秋葉原や銀座方面に出る道十戸田橋を通って蕨などの埼玉方面に抜ける道くらいの認識でしかない。クルマに乗らない人にとっては、「あぁ、何か三田線の沿線上にあるねぇ。健康の為に一つ前の駅で降りて歩いているんだけど、迷わなくていいね」と言われたり、「何か大きい道路（17歳高校生談）」程度の認識でしかないところが物悲しさを誘う。

1日の交通量は蓮沼で約5万2千両（東京都道路交通量一覧表平成22年度データより）と、同じく街道を通っている中央区日本橋室町（2万4千両）文京区湯島（約3万8千両）などと比べて多く、正に交通の要所となっている。

## 区内の中山道の名所はえらく縁起が悪い！

中山道は江戸時代にはほぼ現在の形になったのだが、京都まで繋がるだけあって街道沿いには史跡が数多く存在する。源頼政を祀る頼政神社（高崎）や、浅間神社と芭蕉句碑（追分）など寺社は数多く存在し、天下分け目の合戦となった関ヶ原には本多忠勝の陣跡など、当時の面影が残る史跡などは枚挙に暇がないほど。

で、板橋区の史跡は……というと、頭にこびり付いて離れなくなるほど存在感を放つ「縁切榎」が代表格だろう。中山道は河留めや渡しなど水による困難がほとんどない為に女性の道中に好まれることも多く、楽宮（12代家慶正室）や和宮（14代家茂正室）降嫁がこの中山道を利用したのはそのような事情が関係している。しかし、縁切り榎の前を通るのはＮＧと手前で迂回し、念を入れて榎に布を被せて隠したと言われている。

縁切り榎と呼ばれたそもそもの理由は、榎（エノキ）と槻（ツキ）の古木が寄り添うように立っており、それを「エンのツキ」と駄洒落で呼んでいたのが始まりとのこと。それと縁切り榎から板橋本町の辺りまで傾斜のある坂があるのだが、それは昔「岩の坂」と呼ばれていて、榎と槻と岩の坂を合わせて、「縁の尽きる嫌な坂」などと呼ばれていた。

それが次第に「エンツキの坂を通った夫婦が別れた」といった話が多く囁かれるようになり、いつしか縁切りの神木として信仰を集めるように。別れたい男がいる女性は、この縁切り榎に御参りして榎の皮を剥ぎ粉にし、男の飲むお茶に混ぜるなどして縁が切れる事を祈っていたとか。そんな不吉な場所が名所になるのも板橋ならでは、と言ったところだろうか。

## もうひとつの大動脈　川越街道

歴史的な意味をもっての川越街道とは、中山道の脇街道として日本橋から川越までを繋ぐ道の事を指し、江戸時代に整備された。

由来は名前の通り、川越まで繋がる道ということだが、川越までの距離が13里であることと、川越の特産品にサツマイモがあったことなどから、「栗（9里）より（4里）うまい13里」という焼き芋屋の宣伝文句が発祥した由来もある。中山道よりも行程が少なく、中山道ほど関所の取り締まりが厳しくない為、女性の通り道として愛用された。

明治期に東京から川越街道に沿って走る鉄道（現・東武東上線）が開通し、昭和期になるとクルマ時代の訪れと共に道路拡張がスタート。近年になって関越自動車道も東京～藤岡間で並行しており、現代の板橋区民にとっては、まさに戦前・戦後から一緒に歩んできた文字通り以上の意味を持つ道である。

だが、山手線内側では春日通り、山手線外側では川越街道というように、場所によって道の名称が変わることと、中山道との合流付近では中山道とごっちゃになりやすい為、ドライバーには「国道254号線」として認識されていることも多い。

しかし、板橋区は春日通りから川越街道に名称が変わる付近に近く、中山道との合流地点になっている地点。そこに慣れ親しんでいる板橋区民はクルマに乗らなくても川越街道と中山道を混同することは少ない。むしろ、254号と言われる方がわからない。

そんな川越街道だが、板橋区には昭和になってスタートした道路拡張の犠牲となったスポットが二つある。一つは「五本けやき」。ここは拡張工事の際、そこの土地所有者だった上板橋村の村長が、屋敷庭の木を残すことを条件に土地を提供したもので、現在も道路の中央に5本のけやきが残っているため、そう呼ばれるようになった。道路が広くなっても、慣れ親しんで来た樹木は守りたい……そんな願いがあったかどうかはわからないが、村長のそんな思いとは裏腹に、関越自動車道が開通する前は渋滞の名所として名前が知られていた。

もう一つが「四ッ又観音」。高速道路の建設に伴う道路拡幅工事で、元々その場所にあった人の親しく行き交った商店街の南側全部がごっそりと移転させられている。その際に商店街で親しまれていた「馬頭観音」は一時的に移転し、名前が「四ッ又観音」となったのだが……高速道路が完成した今となっても戻って来ていない。そのため、抗議活動も盛んに行われていたのだが、抗議を受けていた道路公団は、民営化してしまい、談合などの問題で揺れまくった。神託が実現したかのような結末にやり切れない何かを感じさせる。

## 素晴らしい道だがすぐ捕まる「環七」

続いて、昭和に入ってからの幹線道路、「環七」の名称で親しまれている環状七号線だ。国道318号線と呼称することもある。

板橋区を縦断するので覚えられやすいというのもあるが、全線片側2車線以上であり、ほとんどの幹線道路や鉄道との交差は立体交差であるため、流れの良い走りやすい道路だ。新宿、渋谷方面に行くのであれば、工事で渋滞することの多い山手通り・明治通りを使用するよりも、環七通りから青梅街道、246号線を回った方が走行距離は長くなるけど結果的に早く着くことが多い。

だけれど……この立体交差になっていて走りやすいというのが、環七通りドライバーにとっての腹立たしい一面とも両立させてしまう。それは非常に取り締まりが多いこと。板橋区では、大和町、常盤台、中央陸橋は降りた先に警察が待ち構えていることが非常に多い。取り締まり理由は、陸橋上での車線変更。とても流れている為、前に遅めのクルマがいると軽快に抜き去って……その先は警察がいるという結果に。特に常盤台の陸橋は警察が好んでいるのか、3日に一度は日中に張り付いているのが見られる。さらに、これだけスムーズな道なのに制限時速は40キロ！　こりゃすぐにスピードオーバーで捕まりますわ。

## いつの間にか完成していた「環八」

都内の大動脈であり、渋滞の酷さでは日本有数（十数年ほど前までは、文句なしに日本一渋滞の酷い場所があった）のスポットを抱える環状八号線、通称「環八」は板橋区内を通っている。だが、区民にしてみると環七ほど知名度もないし、「あれ？環八って板橋区通るの？」くらいの認識しかないことも。

ちなみにこの環八通り、本格的に都市計画が着工されたのは昭和31年の頃だが、様々な理由により全線開通となったのは平成18年。本格的な着工開始から60年もの年月を掛けて完成となったのだ。

最後まで残った区間は練馬区の井荻トンネルから目白通りまでと、練馬区の川越街道から板橋区の環八高速下交差点まで。なぜ、練馬区から板橋区の区間を繋げるのにこんなに時間が掛かったのかという理由のひとつに、本来は道路になる予定だった場所に存在した某会社が立ち退きに応じなかったからというものがある。この会社の立ち退き拒否により、工事は一時ストップ。最終的にその会社を避ける為に建設されることになったアンダーパスとオーバーパスが入り組んだトンネルが完成。何で練馬区から板橋区の間は高速道路のように長い区間を上と下に走るんだ……という疑問には、こんな事情があるのである。

中山道の拡張のおかげで商店街が巨大道路に分断されてしまった。近辺の日当たりもかなりの最悪っぷり！

環七との交差点。このように巨大幹線道路が多数走る板橋の交差点は、みんながみんな立体構造になっている

渋滞の中心地帯としても有名な板橋中央陸橋。川越街道から環七に乗り換える車が多いことが大きな要因だ

ようやくちゃんと繋がった板橋区内の環八。ルートのねじくれ具合が、工事の苦労を物語っている

# 日本を代表する大気汚染地域・板橋の空気はヤバい！

## 世界最強の大気汚染ポイント「大和町交差点」

板橋区を縦横無尽に走る道を紹介してきたが、目立った国道でこれだけ走っている。この他に首都高も走っているわけで、騒音と排気ガスの量は他の区と比べて群を抜いている。

そんな板橋区には、中山道、環七、首都高速の3つが重なるという役満が完成している交差点があり、一日の交通量は約24万台！　この交差点を「大和町交差点」という。

大和町交差点は、構造的に道路が3層に重なるという問題以外にも、交差点沿道には中高層ビルが連立しており、半閉鎖的な空間になっていることもある。

このため、長らく二酸化窒素（NO2）濃度、浮遊粒子状物質（SPM）が全国ワースト3の常連となっているなど、大気汚染の進行具合は都内のみならず、日本を代表しているのである。

このように、総合的な空気汚染度としては文句なしの全国トップランクであり、十数年ほど前までは世界で一番空気の汚い場所とまで呼ばれ、この交差点に生息する鳩は真っ黒。大和町交差点は、10分も立っていると頭痛と喉の痛みに襲われるという、板橋区だけの問題では終わらない負の交通要所となっていた。

また、環八が全線開通するに当たって、首都高速と重なる相生町交差点部分を地下に通すことが区議会で強く求められていたが、その際のスローガンが「大和町交差点の二の舞にするな！」「大和町を繰り返すな！」という、まるで大和町に核でも落ちたかのような反面教師な文面だったのが印象深い。

その後、活動は強固な住民運動に発展して行き、その様子は戦争さながらだったが……結局地下には通せないまま道は繋がってしまった。同じような負の状況を繰り返してしまう辺り、板橋区って何なんだろう……と思わざるを得ない。

ただ、現在は東京都の排気ガス規制政策が成功しているのか、大和町交差点は二酸化窒素濃度なども幾分か減少気味にある。だが、そもそもの元凶である道が3層に重なるという構造上の問題は解決のしようがなく、相変わらず、交差点の付近にある花はすぐ黒くなっている。

ちなみに筆者は小学校高学年から高校卒業までこの交差点付近に住んでいたが、鼻毛が異様な速度で伸びたり、目がチカチカしたりすることはあるけれど、それ以外に不便さを感じたことはあまりなかった。住んでいる者にしてみたら、そこが日本で一番空気の汚い場所であろうとそこまで気にならないものなのかもしれない。

## ぜんそく患者数も日本ランカー！

それにしても、板橋区にはプラスをマイナスが帳消しにしている例が多く目立つ。例えば23区でも道路網の優秀さはトップレベルだというのに、環境対策を全く考えずに道路ばかり増やしたせいで、今では負の遺産が区内のあちこちに点在しているといった具合だ。

特に根本的な修正が不可能な状況に陥っている大和町交差点などは、プラマイゼロどころか明らかにマイナスに振り切ってしまっているあり様である。しつこいようだがこの大和町交差点の大気汚染レベルは、日本一という負の栄冠に輝いたほど酷く、昔たまたま見たテレビ番組では、大和町交差点よりも空気が汚れている場所を探すとなると、バンコク市内（タイ）か、プノンペン（カンボジア）くらいしかないと言っていたほどだ。しかしそのどちらも、日本では走ることが不可能になった「排気ガス規制前の車」が、今も現役で数多く走っているからだという理由がある。それに引き換え大和町の交差点は、純粋にその構造上の欠陥が理由という救えなさなのだ。これはあくまで噂だとしておきたいが、大和町付近の家には「屋外用の空気清浄機が取り付けられている」という話が囁かれているほどなのである。

こうした大気汚染の被害は、まず区民の病気として現れる。特に抵抗力の弱い子供などはいつアレルギー発作やぜんそくを起こしてもおかしくない。現に板橋で生まれ育った筆者は、中学に上がるまで小児ぜんそくの公害認定者だった。一度発作が起きると良くて1週間、悪いと1カ月月は治まらず、息が出来ないのだから常に死を身近に感じ、通学どころの騒ぎではなくなってしまう。そんな例を出すまでもなく、ある板橋区議は、自らのブログで、板橋区内のぜんそく被害状況の切実さを訴えている。

## 努力の結果は一応出ているのだ！

このように板橋区の大気汚染問題は隠しようのない事実なのである。だが、ここまで言っておいてなんだが、実は大気汚染に関して明るい兆しも見えてきている。そもそも板橋区には古くから大規模工場や中小企業が集積しており、1950年以降になると産業と人口の集中から公害問題が取り沙汰され、特に1960年代からは大気汚染や悪臭、水質汚濁、地盤沈下など様々な公害が都市問題となって表面化してしまった。これに対し、区は1965年に東京都内で初めて公害係を創設し、公害行政を本格化したのである。また環境首都コンテストに第1回から皆勤で参加し、第3回、第5回では総合7位を獲得するという実績を残している。さらに「地域ぐるみでの地球温暖化防止」をスローガンに、大都市では難しい全区一斉行動を展開するなど、真剣に環境問題へ取り組んでいるのだ。

この姿勢が守られていれば、今はまだ酷さが目立っても、時間をかけて次第に状況が良くなって行くだろう。前出の大和町交差点も、少しずつだが汚染レベルが改善してきており、もう少しで何とかなりそうだというところまで達している。40年以上続けた努力の成果は、ちゃんと数値に表れて来ているのだ。

※　　※　　※

この項の情報は発行当時（2008年）のもので、現在の大和町交差点の大気汚染は劇的に改善されている。二酸化窒素こそ基準値を超えてしまっているものの、浮遊粒子状物質（SPM）等それ以外は環境基準値を達成した。元が国内ワースト常連だったのだから、板橋区は「対公害」という面で、国内でも有数の実績を持っていると評価すべきだろう。

## 板橋区の主要道路自動車交通量

| 道路名および観測地点 | 台 |
|---|---|
| **首都高速道路** | |
| 東京都板橋区仲宿 | 106,854 |
| **国道 17 号（中山道）** | |
| 板橋区蓮沼町 45-10 | 51,468 |
| 板橋区舟渡 1-9 | 34,312 |
| 板橋区舟渡 3-24 | 42,026 |
| 板橋区三園 2-14 | 70,487 |
| **国道 254 号（川越街道）** | |
| 板橋区大山町 24-8 | 50,245 |
| 板橋区南常盤台 2-22 | 53,660 |
| 板橋区桜川 3-26 | 46,285 |
| 板橋区旭町 3-35 | 34,138 |
| **環状七号線** | |
| 板橋区小茂根 4-25-5 | 53,189 |
| 板橋区清水町 4 | 36,892 |
| **環状八号線** | |
| 板橋区小豆沢 4-25 | 19,333 |

### 参考

| | |
|---|---|
| **環状七号線** | |
| 中野区丸山 2-7-13 | 43,108 |
| 足立区新田 1-1 | 41,991 |
| **環状八号線** | |
| 杉並区上高井戸 1-15 | 70,946 |
| 練馬区北町 1-13 | 19,575 |

国土交通省道路局「平成 22 年度道路交通センサス」

秋季の平日 1 日の自動車交通量（二輪車含まず）

## 板橋区内の大気汚染測定値

| 東京都自動車排出ガス測定局のデータ | | |
|---|---|---|
| 測定局：中山道大和町 | | |
| 大気汚染物質 | 年平均値（ppm） | 順位 |
| 二酸化窒素（NO2） | 0.036 | 1 |
| 浮遊粒子状物質（SPM） | 0.022 | 7 |
| 微小粒子状物質（PM2.5） | 21.00 | 1 |

| 東京都一般環境大気測定局のデータ | | |
|---|---|---|
| 測定局：板橋区氷川町 | | |
| 大気汚染物質 | 年平均値（ppm） | 順位 |
| 二酸化窒素（NO2） | 0.021 | 7 |
| 浮遊粒子状物質（SPM） | 0.022 | 6 |
| 微小粒子状物質（PM2.5） | 21.00 | 7 |

東京都環境局（平成26年度）

## 参考データ（平成17年度・自動車排出ガス測定局）

| 二酸化窒素の上位測定局（全国437局中） | | | |
|---|---|---|---|
| 順位 | 場所 | 測定局名 | 年平均値（ppm） |
| 1 | 板橋区 | 中山道大和町 | 0.050 |
| 2 | 大田区 | 環七通り松原橋 | 0.049 |
| 3 | 世田谷区 | 玉川通り上馬 | 0.048 |
| 4 | 目黒区 | 山手通り大坂橋 | 0.046 |
| 5 | 川崎市 | 遠藤町交差点 | 0.046 |

環境省「大気汚染状況について」より

# 板橋区民の命綱・東武東上線は西へと向かう

## 池袋へ行くことこそが板橋区民希求の願い

板橋区民の足として大活躍している東武東上線は、正式名称を「東武東上本線」といい、東武鉄道と東上鉄道が合併してできた路線である。

東上鉄道は東京と群馬県の渋川を結ぶ計画だったため、東京と上野（こうずけ）の頭文字を取って東上と名付けられた。誕生年が明治44年と私鉄としてはかなり早い時期に設立された東上鉄道は、大正時代に入って経費削減と合理化を図り、東武鉄道と対等合併した後に解散した。これによって鉄道会社としての東上鉄道は消滅するが、今も東上線を管轄する東上事業部としてその名を残している。

さて、板橋区民にとって東武東上線とは、都営三田線と並んでなくてはならない生活の要である。というのも「区内にターミナル駅が一つもない板橋区」に住んでいると、他の路線に乗り換えるためには、他所の区にあるターミナル駅を使わせてもらわねばならないのだ。

その筆頭格が東武東上線の始発であり終点でもある池袋駅だ。大都会の池袋まで最短距離を突っ走って運んでくれるというだけで、東上線は板橋区民にとって命綱と呼べる存在なのである。

日本には八百万の神様がいるというが、板橋区民は東武東上線に神を感じているに違いない。その割にはしょっちゅう人身事故でストップしている気もするが。まあ神は気まぐれなものだ。

## 上板橋を境に雰囲気ががらりと変化

地理的に見てみると、東武東上線は川越街道の旧道に沿うように、南東から北西へ向けて走っている。南部地域（大山・中板橋・常盤台）では区の中央部に駅が置かれており、駅前にも現代の東京とは思えぬほど栄えた商店街がある。特に大山の商店街は旧川越街道に沿って直線で1キロメートル続く板橋区の名物。また中板橋は駅を中心として碁盤の目のように商店街が広がっている。続く常盤台は、なぜか「高級住宅地」と呼ばれているのだが、残念ながらどれだけ飾り立ててみても板橋は板橋である。「板橋の田園調布」などと板橋区民でも恥ずかしくて口にできないような肩書きを名乗る前に、まずはボロボロな駅を建て直してほしいところだ。

さて、東上線は環七を越え、常盤台を過ぎた辺りから次第に西寄りになっていき、上板橋を過ぎると完全に練馬区との境界線を走る電車と化す。そのため東武練馬駅や下赤塚駅など、板橋区なのか練馬区なのかよくわからない駅が点在している。上板橋は駅前に賑やかな商店街があり、板橋区南部と似た雰囲気を持っているのだが、東武練馬辺りから色合いが変わっていく。駅前の一部は栄えているものの、板橋区南部のようにそこら中に個人商店が集まって賑わっているという雰囲気ではなく、どちらかというと郊外型のベッドタウンと呼ぶべき町並みだ。

## 都心へ向かうのは北西部ベッドタウン住民

各駅の乗降者数を見ると、昔からベッドタウンとして認知されていた成増や上板橋や東武練馬といった西側の方が意外にも利用者は多い。この乗降者数データを元に考えると、板橋の北西部から池袋を経由して都心へ通勤する人の多さがわかる。東武東上線がある事によって、徳丸や赤塚といった家賃や物価が桁違いに安い地域に住んでいても楽に通勤ができるので、月収20万円あれば裕福に暮らせるという「板橋伝説」は東上線が支えていると断言できよう。

では、そんな東武東上線の駅周辺がどのような特色を持つのか、特にカラーの違う三駅を抜き出して解説しよう。

まず区内の最大の繁華街である大山駅は池袋から3駅目で、最も池袋寄りにある東上線の駅である（下板橋駅は豊島区）。駅前ロータリーやバス、タクシー乗り場などが一切なく、アーケード商店街のど真ん中に出されるという特徴を持つ。周辺の「ハッピーロード大山」「遊座大山」という2つの商店街は、両方とも500メートル以上という巨大さを誇っており、東上線の踏切を境に繋がっている。このため直線で実に1キロを越える全国でもまれな超巨大商店街であり、しかも閉店してそのままというテナントが殆どない凄まじさだ。

ときわ台は昔は川越街道に近い南側が発展していたようだが、昭和に入って東武鉄道が沿線開発の先輩である田園調布を参考に駅の北側を高級住宅地として開発。これにより常盤台住宅地に多くの人が流れ込み、駅周辺が活性化される事となった。今でも駅を挟んで南北の町並みは全く違っており、北口は閑静で緑の多い住宅地だが、南口は昔ながらの色合いを残す飲み屋街的な街並みで、近年は区内の人気店がこの辺りに移転するケースが目立っている。

成増駅は板橋区の最も西にあり、練馬区や埼玉県和光市との境界線に近く、駅周辺は巨大なバスターミナルとしても利用されている。昔からベッドタウンとして栄えており、駅の利用者も多かったが、近年の北口開発の成功によって近代的な郊外都市の色合いを強めた。これにより、活気のあった南口の商店街が寂れてしまい、今ではチェーン系の店ばかりになってしまっている。また犯罪の発生件数が多いといった、住民が多いからこその問題を抱えている。

**東武東上線の一日平均乗降人数**

| 駅名 | 乗降数（人） |
|---|---|
| 下板橋 | 15,354 |
| 大山 | 49,419 |
| 中板橋 | 26,961 |
| ときわ台 | 46,664 |
| 上板橋 | 49,284 |
| 東武練馬 | 59,102 |
| 下赤塚 | 16,822 |
| 成増 | 57,729 |
| 参考（足立区内） | |

**東武伊勢崎線の一日平均乗降人数**

| 駅名 | 乗降数（人） |
|---|---|
| 堀切 | 3,991 |
| 牛田 | 22,723 |
| 北千住 | 437,156 |
| 小菅 | 5,604 |
| 五反野 | 34,695 |
| 梅島 | 31,068 |
| 西新井 | 63,669 |
| 竹ノ塚 | 71,275 |

東武鉄道ホームページより（平成26年度）

駅構えはえらく地味だが、板橋の重要ポイントである大山駅。駅前広場はなく、駅を降りると即商店街へ

「板橋の田園調布」などともいわれるときわ台。とはいっても駅舎は昔のままでかなりお疲れ気味の雰囲気

# 丸の内方面に直結する唯一の路線・都営三田線

## 東武と東急は裏切り者だ!!

板橋区において、東上線などの他の路線は池袋でとまる中、唯一丸の内方面に向かう電車が三田線である。板橋区である区間は、終点である西高島平から新板橋までの11駅。

板橋区に住んでいて「住み辛いなぁ」と思う点のひとつが、この三田線の他線との接続。三田線は丸の内方面に向かうため、もっと他の路線と接続してもよいものなのだが、板橋区内で他の路線に駅の中で乗り換えることが出来る駅は皆無。つまり、三田線沿線住民は、板橋区内の他地域や、丸の内方面以外の地域へ移動するには、かなりの遠回りを強いられるのである。2000年に東急線との直通運転が行われるようになり、目黒方面までは直通で行けるようになったが、それ以前はどこの線とも直通運転を行うことはない、本当に独立した線であったのだ。

しかし、これには複雑な理由がある。歴史を紐解くと、1962年度の計画では、丸の内方面から板橋本町まで来た後、上板橋と高島平方面に抜ける路線が存在した。その後に東武側より「上板橋にて乗り入れる余裕がない」との申し出があったことから改訂され、東武側が志村から東上線の和光市に接続する線を建設することに。それを裏付けるものとして、志村駅が開業した際に使用されていた電車には「川越市」「志木」といった東上線用の行先方向幕が搭載されていたという過去がある。そういったこともあり、当初、路線や車両の規格を決定する際、三田線は車体寸法や保安装置などの面で東武鉄道の規格が踏襲されていたという経緯が存在している。このように、計画の段階ではちゃんと三田線は他の線とも接続する予定だったのである。同様に、東急田園都市線と接続するという、きちんと他社との乗り入れ計画も存在した。

……のだが1965年。東武側が有楽町線との乗り入れを決定し、東急側が半蔵門線との乗り入れに路線変更を発表。この為、三田線の乗り入れ計画は宙に浮いてしまう。急に発表をうけて三田線が大困り。というのも、車両や線路の規格を統一する為に、三田線（都）はもともと使用する予定だったものから、東武、東急側に合わせて変更していたのだ。それなのに一方的に中止を申し出られたため、当時、この件に関しては都側は「甚だ信義にもとる行為であり、この計画に関して東急側に強く翻意を即す」と猛烈に抗議した。

こういった事情が根深くある為、2000年に東急目黒線との直通運転を行うことになるまでの約30年、どことも乗り入れない独立線が誕生することに、なったのである。つまり、板橋区民は元々は三田線を便利に使えたはずなのに、都と東武&東急の喧嘩の巻き添いに遭い、大いに被害を被ったことになる。あぁ、無情。

## ここだけやたら便利な新板橋、板橋区役所前駅

板橋区内の三田線停車駅は3つのグループに分けることが出来る。

まずは板橋の中心に近い場所にある新板橋駅と板橋区役所前駅。この辺りは公の機関・施設の多くが集中している地域だ。しかし、両駅とも出て最初に見ることになるのは中山道と首都高であり、いまいち目印になる建物や店がないため、土地勘のない人にとっては道路しかないように感じてしまうだろう。街の中心は商店街なのだが、駅の出口から2～3分ほど歩いた場所にあるため、この「街外れに駅がある」という立地が、方向感覚を失わせる要因になっているように思う。

また、区役所前駅は大山商店街と大山駅が比較的近く、新板橋駅はJR板橋駅が近いため、区内ではこの2駅の周辺だけ妙に交通の便がいい。

## 商店街のパワーが薄れる板橋本町～志村

次は大和町交差点の四隅が出口の板橋本町駅と、中山道に沿って出口が設けられている本蓮沼や志村の一帯。大道路沿いにはマンションが乱立しており、マイナーな割に1日の乗降者数が多い。

だが、旧中仙道の商店街は、板橋本町周辺で急に勢いがダウンして寂しくなり、飲食店の数も激減。大人数で宴会ができるような大箱の店も数えるほどしかなく、閉店時間が早い店も多いため、仕事帰りに会社の近くの繁華街で一杯引っ掛け、ただ帰ってくるだけという住民も多かろう。だが、この地域にも探せば他の土地の人間に自慢できる名店がアチコチに隠れており、志村地区で優雅な飲兵衛生活が送れるかどうかは、そうした情報を知っているかどうかにかかっている。まさに情報力が明暗を分ける土地なのだ。

また、街道沿いだけあって大型スーパーや複合施設が点在しており、自炊を中心に考えるならば比較的住みやすい土地である。ただし商店街の規模は小さいので、商店街特有の営業努力である叩き売りにはあまり期待できない。

## 区民でも知らないひとは知らない高島平地区

三田線の終着となるのが高島平地域。高島平、新高島平、西高島平と高島平の名前が付く駅が三つ存在し、三つとも国道446号線に沿っている。元々この一帯は徳丸ヶ原と呼ばれる農作地だったのだが、昭和31年に330ヘクタールを日本住宅公団（現在のUR・都市再生機構）が買収し、大団地を建設。同時期、都が都営三田線を整備して現在の形に至った。昭和47年頃から本格的な入居が開始されるが、昭和40年代に建築された団地の中では最も都心に近く、山手線への乗り換えが容易などの立地条件もあって、家賃が他の団地の2倍程だったにもかかわらず入居応募が殺到。最盛期は5万人以上もの人口を誇る日本有数のマンモス団地へと進化を遂げた。こうした人口の流入に対応すべく、公共施設が次々に整備され、団地内に商店街・郵便局・図書館などが建設。特に学校は一時期、小学校だけで7つもあったほどだ。

この高島平地区は、1丁目が西台駅の南側、2丁目が賃貸団地、3丁目が分譲団地、4・5丁目が高級住宅地、6丁目がトラックターミナルといった具合の、用途のハッキリした計画都市なのだが、人口の多さと比較すると買い物などに使える商店が少なく、お世辞にもバランスが良いとは言えない。団地では高齢化が叫ばれ、買い物と介助の需要が日増しに高まっている。この高島平問題について、文庫化にあたって頁を設けたので、そちらを参照されたし。

そんな高島平地域の中で、意外なほど栄えて行くことになったのが西台駅周辺だ。良くも悪くも居住区ばかりの高島平団地の近辺だけでは、住民の様々な需要を賄い切れないため、気付けばここが高島平から最も近い繁華街と化していった。駅前には大型の商業ビルが建ち並び、ロータリーも整えられているため、地方の少し大きなターミナルといった風景だ。

だが、よくよく現地を見て回ってみると板橋区ならではの歪みが見付かる。例えば駅の北側に隣接している「三田線の基地の上」という凄い立地の団地。地元民によると、ここは「天空団地」と呼ばれることもあるそうで、高架化されている西台駅のホーム階より高い場所に入口がある。辛うじてエレベーターはあるものの数は不十分。大きな買い物袋を両手に持って歩くのは厳しすぎるため、住民は嫌でも自転車などで買い物に出るのだが、出たが最後帰りの急坂をどうすればいいのか。行きも団地から下る急坂で加速したママチャリが子供をハネるといった事故が起きて問題なのだが、帰りの自転車を押しての登山は苦行でしかない。「とりあえず作ってはみたけれど」という板橋区によくある歪みを体現している謎物件である。何とかしてあげて……。

## 都営地下鉄三田線の一日平均乗降人数

| 駅名 | 乗降数（人） |
| --- | --- |
| 新板橋 | 27,844 |
| 板橋区役所前 | 31,799 |
| 板橋本町 | 31,773 |
| 本蓮沼 | 22,179 |
| 志村坂上 | 28,687 |
| 志村三丁目 | 31,511 |
| 蓮根 | 17,963 |
| 西台 | 24,100 |
| 高島平 | 29,075 |
| 新高島平 | 9,612 |
| 西高島平 | 12,250 |

東京都交通局（平成 26 年度）

都内でも有数の大団地を擁する高島平。ただ、西高島平の駅は写真のように正真正銘の行き止まり。本来作られたはずの「その先」が、たぶん永遠に繋がらないだろう現実をものすごくわかりやすくあらわしている

日本でもおそらくここでしか見られないであろう鉄道の車両基地の上に建つ天空団地。出入りには登山が必要

# 申し訳程度に板橋区をかすめて走る東京メトロ有楽町線

## 実は一駅しか板橋区になかった

有楽町線および副都心線。銀座・渋谷や横浜に向かうという実に使い勝手の良い路線だが、こと板橋区民にとっては「何だか解らない地下鉄」に早変わりしてしまう。まず、この路線の中で板橋区内にあるのは「地下鉄成増駅」「地下鉄赤塚駅」「小竹向原駅」……と思いきや、さにあらず。有楽町線の中で板橋区内にあるのは「地下鉄成増駅」だけであり、残りの二つの駅は練馬区にある。この時点で、少なからず何だかよく解らない気持ちにさせられる。赤塚も向原も板橋区の地名なのに、駅の所在地は練馬区であり、この混乱はもはや板橋のお約束と言っていいのかもしれない。

## もっと上手くやれなかったのだろうか

また、利用している板橋区民からすると、この路線には不思議な所がある。それは、成増や赤塚には東武東上線も通っており、有楽町線と平行してほぼ同じラインを走っているということ。駅と駅の距離も歩いて2分程度なので、わざわざ連絡もされていない独立した駅を別々に建設した意図がわからない。

実は、もともと有楽町線が発足した当時は、2つの路線は赤塚にて合流する予定だった。それが土地の買収が上手く行かなかった為、成増で合流することに変更。しかし、それも上手く行かなかった為、最終的に和光市合流となるのだが、駅名が被っていて、それでいて微妙に離れたところにあるのはその時の名残りなのだ。要するに、元々は造る予定がなかった駅なのである。そのため名称の区別の為に、慌てて頭に地下鉄の言葉を入れる必要が生じてしまったのだ。これにより、頭に地下鉄という文字が付く駅名は、日本でここのふたつだけというオンリーワンを達成している。

## 副都心線を活用できる区民は少数派

板橋区内を走っている交通手段の中では、珍しく乗り換えなしで池袋から先に行ける有楽町線。副都心線ならば渋谷や横浜方面にも1本で行けるのだから、板橋区内でも特に便利な地下鉄だと言えるだろう。ただし、これらを使える場所に住めればの話だ。前述した事情により、有楽町線の駅近くに住んでいる区民以外は、東上線で和光や池袋まで出ないと路線が合流しない為、お世辞にも使い勝手が良いとは言えない。こうして有楽町線及び副都心線は、使いこなせれば便利なのに、板橋区を通る路線の中で最も板橋区民が使わない(使えない)と言ってもいいマイナーな存在になってしまったのだ。

過去にもっと上手にやっていてくれれば、今頃は東上線・有楽町線・副都心線が自由自在に使えるようになっていたかもしれないのに、板橋区には用地買収の失敗や裏切りのためにおかしなことになってしまった路線や道路といった、負の遺産ばかり遺されているのである。つくづく鉄道運のない土地だ。

# 板橋は国鉄に見捨てられた？JR埼京線に乗れるのは板橋駅のみ

## 駅施設のほとんどが板橋区内じゃない！

板橋区で唯一ＪＲ線に乗れる板橋駅。しかしこの駅は板橋とは名ばかりでホームのほとんどが豊島区にあり、２つある改札口のうちのひとつは北区にある。ひとつの路線しか走っていない駅が３区にまたがっている例は都内ではこの板橋駅だけだ。

こうした妙な立地から駅名のわりに区内の他地域とのアクセスが非常に悪く、全く利用する機会のない区民も多い。歴史的に見るとこの辺りは板橋宿の入り口で、昭和初期まで遊郭街があった地域。また改札口から出てすぐに新撰組の近藤勇の墓があるのだが、これはこの辺りに処刑場があった名残りだ。こうした土地柄からひと昔前は「あんな土地……」と眉をひそめる老人もいたそうだ。そんないわれを持つ土地にあるためだろうか、板橋駅はかなり不幸な歩みを続けてきた。もともと、板橋駅は明治時代に新宿や渋谷と同時期に開業し、国鉄になってからは山手線の駅として活躍していた古株なのである。それが池袋駅の新設や他路線との連結の問題で次第に都心部から縁遠い存在となり、池袋〜赤羽間が赤羽線として分離した事によって「山手線の板橋駅」という肩書きから「ローカル駅」へグレードダウン。加えて3区にまたがっているからか、駅周辺の開発も活発とは言えず、池袋の隣にあるというだけの田舎臭い駅と化したのである。

板橋駅の1日の利用者数は約3万2千人で、都内にあるJR線の駅とは思えぬほど少ない。一大繁華街の池袋駅にかなわないのは当然としても、隣の十条駅（約3万5千人）にすら劣るあり様である。池袋のすぐ隣にあるのに、なぜ板橋駅はこれほどまでに寂しいのだろう？　池袋、新宿、渋谷と、JRでも有数の巨大ターミナル駅に通じているというのに、板橋区民はなぜ板橋駅をあまり利用しないのだろう？

　埼京線の時刻表を調べると、そこで面白い事実が明らかになった。板橋駅から都心へ向かう埼京線は、平日で1日に約200本ある。そのうち池袋どまりが17本、新宿どまりが109本、渋谷から先へ直通するのは81本しかない。板橋駅から埼京線に乗ると、なんと60％の確率で新宿までしか運んでもらえないのだ。これはJRからの「板橋区民は渋谷なんか行くな」という無言の圧力だろうか？　板橋区民だってたまには若者の街を歩いてみたいのだが、その願いを叶えるのに板橋駅はいまいち不便である。これだったら無理に板橋駅まで行かず、手近な東武東上線などで池袋駅に出て、そこから乗り換えた方がいいのではないか？　板橋〜新宿間に限ってみても、池袋〜新宿間が埼京線で6分（山手線で9分）かかり、板橋〜新宿間は9分かかる。という事は、東武東上線や有楽町線の駅が近くにある区民なら、直接池袋に出てから乗り換えた方が速い。三田線とJR線を併用するケースを考えてみても、新板橋駅から徒歩で板橋駅へ移動するより、そのまま巣鴨まで乗って山手線に乗り換えた方が便利な場合が多いのだ。板橋駅付近に住んでいるなら話は別だが、区民の大多数は板橋駅の使い道が見つからないのではなかろうか？

## 逆さに見てみれば実に板橋らしい「板橋駅」

考えれば考えるほど存在意義の揺らぐ板橋駅だが、実は「都心へ向かう」という視点を変えれば一気に話が変わってくる。

例えば板橋駅から快速で20分足らずの大宮駅（埼玉県）では、何種類もの新幹線に乗り換えができるのだが、これを利用すると板橋駅から約60分で軽井沢まで行けてしまう。駅の数でいうならほんの数駅にしかとまらないため、板橋駅は「軽井沢からたった5駅！」などと謳っても嘘にはならない。

こういうロジックを展開すると、板橋がもの凄くセレブな土地に思えてくる。さらに北陸方面へ向かう乗換駅としても活用できる越後湯沢駅は、板橋駅からたった80分足らず。そう考えると千葉や神奈川に行くのも、長野や新潟に行くのも、時間的に全く変わらないのである。さすが交通の要所の面目躍如といったところか。都心に向かうには不便だが、田舎に向かうなら驚くほど便利という、未だに江戸の玄関口といった存在なのである。

ただ悲しいのは、板橋駅から地方へ向かう利用者は多くても、地方から来た

問題の板橋駅。ちなみにこちら側の出口は一応板橋区……が多い。反対側は完全に北区の勢力圏内である

人間が板橋駅で降りる事はほとんどないという点だ。そのまま埼京線に乗っていれば3分ほどで池袋まで行けるのだから、駅前の寂れた板橋駅で下車する理由はない。

この辺りの「人が通過するばっかり」という点は、まるで板橋区の全てを象徴しているかのようである。そういった意味では、板橋駅は区内のどの駅よりも、板橋区の歴史や失敗を見事に表現していると言えなくもない。JR板橋駅こそ「板橋区そのもの」であり、実は「板橋駅」の名に偽りなしだったのだ。

# 難解で利便性イマイチな板橋のバス事情

## 電車を補完するはずのバスがミョーにわかりづらい

東京23区における「バス」とは、主にどのようなシチュエーションで利用される乗り物だろうか？　目的や用途によっても変わるとは思うが、基本的には電車がカバーしていない地域に行く時の交通手段なのではないだろうか。

例えば、板橋区を走る鉄道はどこに行くにしても巣鴨か池袋に一度出てから乗り換えるというのが基本。どこの地域に行くにせよターミナルになる駅に出なければならない。また、板橋区は鉄道の路線がいずれも横には移動することが可能だが、縦の路線は存在しない。

だから、縦の移動はもの凄く手間がかかる。例を出すと板橋本町から練馬区の江古田に移動するには一度三田線の巣鴨を経由するか東上線で池袋に出てから西武線に乗り換えないと行くことが出来ず、時間も40分くらい掛かる。しかし、車で移動するなら環七通りを通って10分くらい。同様に車で移動するなら15分くらいなのに電車だと3倍の時間が掛かるという場所は、板橋本町を起点に考えるだけでも、赤羽、高円寺、王子など……。どれも環七通りのバスの営業路線となっている箇所である。

このように、電車だと行き難い場所へ便利に行けるようにするのが23区内におけるバスの基本だろう。主要な国道が通る板橋区なら尚更だ。しかし、ここに板橋区のバス事情のちょっとした落とし穴がある。

板橋区を通るバスの系統路線は、池袋、練馬、志村、赤羽だが、そのどれもが路線図を見ると細々とした所に行き過ぎていて、かえってわかりづらくなっている。痒い所に手が届くように……と地域を網羅したのかもしれないが、細か過ぎて混乱の元にしかなっていない。例えば、王子方面に向かう系統の中にある停留所、「常盤台教会」って、地元の人間以外がわかるのだろうか。

# ダイヤがメチャクチャな板橋区のバス事情

このように細かすぎる路線図と、国道を通っている為に1つの停留所に複数の路線がとまるという混乱の元がふたつもあるせいか、利便性という意味では非常に劣っている。「いいや、電車乗ろう……」という気になってしまう区民は決して少ない数ではないだろう。

さらに、致命的なのが渋滞だ。板橋区内のバス路線の多くは環七通り、中山道などの国道を通って、池袋や高円寺などに向かう。いうまでもなく、その国道は渋滞が酷い道なので、時間通りに来ないなんてのは日常茶飯事。「最初から電車に乗ろう」と考えてしまうのは仕方ない。電車は1時間に4本しか来ないなんてこともなければ、時間に遅れることも滅多にないのだから。

板橋区をカバーしているバス会社の名前は、「国際興業株式会社」で、イニシャルの3つで「ＫＫＫ」と略してください……みたいな案内文章が車内にある。その横に「臭い、汚い、来るのが遅い」という落書きがあったのが切な過ぎた……。

思ったよりも発展しているとはいえない板橋区のバス事情。最大の要因は、やはり交通渋滞か？

板橋区唯一のコミュニティバス「りんりん号」しかしこの1台しかないのではぐれメタル並のレアキャラで利用機会はないに等しい

# すべての道は池袋へ時代に取り残された板橋区！

## 乗り換え不能の電車路線不毛地帯

この章では板橋区内の交通事情を紹介してきたが、あるおかしな点にお気付きだろうか？　実は板橋区は23区で唯一「1つの駅に1つの路線」というスタイルを頑なに守っているのだ。無理に美点かのように言ってみたが、早い話が板橋区内には他路線に乗り換えられる駅が存在しない。さらに駅ビルと呼べるような建物すらないのである。鉄道網が世界一と称される東京にあって、板橋区には「他路線に接続する」とか「駅ビルでお買い物」という概念が存在しないのである。従って板橋区民は必然的にあらゆる面で区外の駅に依存する事になる。ここではそんな「板橋区民にとっての代表的なターミナル駅」を紹介すると共に、鉄道時代に取り残された板橋区の哀愁を皆さんに感じていただこうと思う。板橋区だけ時代が昭和でとまっている理由はこれだ！

## 板橋区民が寄生する「池袋」

板橋区民にとって最もメジャーな都会、すなわち「これぞ東京」という街は池袋である。決して新宿や渋谷や、ましてや絶対に六本木ではないのだ。

板橋区は池袋へのアクセスに優れており……というか、池袋という街に明らかに寄生しており、有楽町線も埼京線も、とにかくまずは池袋というターミナル駅を目指す。

とくに東上線は池袋が始発であり、池袋と埼玉方面を結ぶ鉄道として、板橋区民や埼玉県民にとって欠かせない交通手段である。さらに板橋の西の端に位置する高島平からも池袋まで直通のバスが出ており、こうした点から「何が何でも池袋に出たい！」という区民の気持ちが見て取れる。よく「埼玉県民が最初に訪れる都会が池袋だ」などと嘲笑されるが、それは全ての板橋区民を敵に回す台詞なので気をつけていただきたい。

しかしそんな板橋区民にも「埼玉県民とは一緒にしてほしくない」というささやかなプライドがある。それは「池袋までその気になれば歩いて行ける」という点である。これは別に大げさではなく、大山より南の地域に住んでいる区民であれば、20〜30分も歩けば池袋の駅前に着いてしまうのだ。板橋区民は自分がいかに東京っ子かをアピールする際に、絶対に出てくる台詞がこの「池袋に近い」である。これはもはや「池袋原理主義」や「大池袋思想」と呼んで差し支えない。板橋区民にとって東京の中心とは池袋なのである。

## 隠れた板橋区民の遊び場「赤羽」

板橋区民が池袋に対して抱く感情は「さすが都会だなあ」といった羨望だろう。しかしこの赤羽に対しては嫉妬と共に「なんか馴染むんだよなあ」という複雑な感情を抱いているように思う。赤羽は北区の中でも北に位置し、板橋区の東側からは意外と近い。赤羽駅は他路線に乗り換える目的でも利用できるが、板橋区民にとっては駅としてよりも街自体に魅力を感じるだろう。雑多でカオスな雰囲気や、居酒屋や風俗店が立ち並ぶ町並みは板橋区内のどの街よりも、宿場町時代の板橋を感じさせる。板橋宿は飯盛り女という名の遊女を多数抱えていたが、常に江戸四宿の中で最も女性のグレードが低いとされ、川柳に「板橋と聞いて迎えは二人減り」（盛り場として魅力がないという意味）などと謡われるあり様だったのだが、それはそのまま現在の赤羽にあてはまる。風俗街として密かに脚光を浴びている赤羽だが、中には「いくら安くても赤羽の風俗だけはやめとけ」という声もちらほら。自分の母親の同級生くらいのお姉さんが……なんて話も耳にする。

しかし一つの街で酒と食い物と女を楽しめ、そのどれもが破格の安さというのは、いかにも城北的で素晴らしい。風俗街が区内に一カ所もない板橋区にとって、赤羽の町並みは失われた景色なのである。

## 北方の巨大ターミナル「大宮」

ひと昔前は「埼玉にしては栄えた街」という程度の認識だったように思うが、今では開発が進み立派な都会となった大宮。昔ながらの商店街や怪しい雰囲気の路地が残る一方で、巨大な駅ビルの中には数多くのテナントが入り、駅周辺には大型の複合ビルなども立ち並ぶ。微妙に悔しいが、板橋区内では決して見る事のできない都会的な景色が広がっているのだ。

この大宮駅には宇都宮線、高崎線、京浜東北線、湘南新宿ライン、埼京線、川越線、東武野田線、ニューシャトル伊奈線と多数の路線が走っており、これに各方面へ向かう新幹線が加わる。まさに陸路の要と呼ぶべき巨大ターミナルだ。板橋からは距離的には近くないが、JR埼京線の板橋駅から快速に乗れば、十条・赤羽以降は戸田公園・武蔵浦和・与野本町にしか停まらず20分程度で着いてしまう。という事は、一度池袋や巣鴨に出て山手線といったルートで上野駅や東京駅から新幹線に乗るよりも、大宮駅経由で新幹線に乗る方がずっと便利なのである。ただし、大宮経由では群馬・長野・新潟といった北部にしか行

埼玉の分際でェ〜などと言いたい気持ちはわかるが、これを観れば一目瞭然！　か、完敗ですわマジ

けない点には注意が必要。この「北に行くなら便利」というのは、まさに江戸時代の板橋宿の役目そのものであり、現代になっても江戸の北の玄関口としての位置付けのままだったのである。

それにしても、池袋駅や赤羽駅は23区内だからまだいいとして、板橋区民はこのように埼玉県にも「ターミナル駅を貸して」とすがりつく有り様。しかもそれが確かに便利なのだから言葉もない。ターミナル駅や巨大な繁華街が欲しいなんて贅沢は言わないが、せめて一度でいいから区内で他路線へ乗り換えてみたい。板橋って本当に23区なのか？

板橋区民にとっての「約束の地」である池袋。みんながシビれ、アコガれている「板橋区の」ターミナル駅

板橋区にとって親戚筋のような存在の赤羽。近年脚光を浴びている街だが、風俗はともかく飲み屋なら板橋だって同じくらい強いのに……。知名度では完敗である

# 板橋区の道路開発は大丈夫？

## まだまだ道にこだわる板橋区！

江戸時代の昔から道にこだわりすぎた板橋区の悲哀についてはすでに述べた。では、2016年のいま、板橋区ではどのような道路開発計画が持ち上がっているのだろうか。

現在区内で予定されている道路計画は、大きく分けて5箇所。まず前野町から見次公園を経て志村二中の辺りまで拡張する予定の『都－42（補助86号線）』。続いて上板橋駅前から川越街道を越えて城北公園前の道路と接続する予定の『区－47（補助234号線）および他－9（板橋区画街路8号線）』。同じく川越街道から中台方面へ向かう七軒屋通り『区－48（補助244号線）』。それと、川越街道の下赤塚駅と成増駅の中間地点から、赤塚小学校へ向かう『都－66（補助203号線）』。そして大宮バイパスから四葉・徳丸方面へ向けて伸ばす（西徳通りと接続）予定の『区－49（補助249号線）』だ。どれも川越街道・大宮バイパスといった大道路に関係しており、環七・環八・中山道の流れとも無関係ではないため、重要な計画であることに間違いはない。だが、現地を見てみるとひと目で解るのだが、どんな立ち退きや大工事をすれば実現可能なのか悩むような場所ばかりなのだ。

さらに忘れてならないのが、大山のハッピーロード商店街を分断するしかない鮫洲線（豊島区の要町から川越街道を越え、ハッピーロードと東上線を経て健康長寿医療センター前へ繋ぐ）の計画も、遠く昭和の時代から残り続けている。道路の利便性のことだけを考えれば、こうした道路開発は悪い話ではないのだが、実際に工事を進めるとなると多くの問題が生じてしまう。これらの計画は住宅街の中を突っ切るような形になっているため、立ち退き問題以外にも騒音問題についても考慮せねばならない。また大山などは板橋のランドマーク的存在のハッピーロードが消滅する可能性すらあるのだから穏やかではない。

## すでに不満続出しております

　行政の揚げ足を取りたい訳ではないのだが、現地を調査して特に気になったのは、志村地区と上板橋地区だ。まず志村地区は小豆沢から中山道を経て見次公園に至る道路を拡張する予定なのだが、マンション開発などが進んで街の風景が変わりつつあった小豆沢一帯だけは、ゆったりとした道幅が確保されている。しかし、その先は中山道が近付くにつれて事業所やマンション等によって歩道の確保すらままならない状態で、とてもじゃないが車線を増やすことはできそうにない。新しい大きめのマンションも歩道ギリギリまで建っているのだから、立ち退いてもらうのも難しそうだ。

　さらに、上手く中山道を越えることができたとしても、その先は志村名物の急な坂道をうねって進む道路が続いており、車線を増やすには、まず凸版印刷の敷地を削り、学校の校庭を狭め、老人介護施設にもどいて貰うか縮小するかし、ついでに志村住民の憩いの場である見次公園をも侵食して、やっと机上の空論的な開発計画に近付くという状況。それ以外にも飲食店やマンションもどうにかする必要がありそうだし、いったいこれは何十年計画なのだろうか。

上板橋地区の方は、まず七軒屋通りは今でも充分な幅があり、さらに車線を増やす必要性が見当たらない。それをなぜ拡張しようとしているかと言うと、おそらく将来的に若木通りと合流させ、環八と繋げる気なのではなかろうか。そうでもなければ整備する意味がなさ過ぎるからだ。となると、おそらく合流地点に選ばれるであろう場所にある若木小学校の存在が気になってくる。

上板橋地区のもうひとつの道路計画はもっと悲惨で、現時点で駅周辺の町会が分裂の危機に瀕している。道路拡張に好意的な町会と、否定的な町会とで意見が合わなくなってしまっているのだ。なんでも駅の南側にあるパチンコ店に立ち退いてもらい、そこにロータリーを建設する計画もあるようだが、そこから先が大問題。昭和で時間が止まったかのような細かい住宅が密集する地域を突っ切って、城北公園の前の道（ラーメンマニアなら蒙古タンメン中本の本店があった通りといえば理解が早いか）まで伸ばす計画なのだ。

どかすにどかせない大きな建物があるのも問題だが、拡張予定地の上に建っている建物が細かすぎる場合も、また大問題である。それだけ大勢の権利者を説得して回らねばならないという事なのだから、何年かければ話がまとまるのやら。上板橋では何年か前に生活保護者向けの宿泊施設が大火事になるという痛ましい事故が起きたばかりだが、今後10年ほどの間に似たような大火事が起きやしないかヒヤヒヤしてしまう。計画段階ですでに不穏なのだ。

## ついに長年の夢が実現⁉

こうした道路計画に伴って、鉄道の方に大きな大きな変化がもたらされた。なんと板橋区民の長年の夢であった東武東上線の立体化に都が協力してくれることとなり、非常に優先度の高い案件として扱われるようになったのだ。これにより、大山のハッピーロードの大部分が潰されてしまう道路計画も大幅に形が変わり、これまでよりは遥かに明るい街づくり計画に変貌しそうだ。

これまでは戦後まもない頃に立ち上がった計画を、今現在の状況も考えずにお役所仕事で無理やり進められてきたのだが、そのあまりに酷すぎる状況にやっとメスが入る事になったのである。大山地区には、この意味不明な道路計画によって、賑わっていたのに丸ごと潰された商店街もあるのだが、板橋区の観光名所ことハッピーロードは、（多少形が変わろうとも）何とか守り抜けるかもしれない。

しかし、東上線が立体化されても、川越街道から大道路を伸ばす計画が無くなった訳ではないので、最終的にどのような絵になるのかには引き続き注意が必要だ。

個人的には、どうやってもハッピーロードが削られる事に変わりはないのだから、どうせ大山駅が高架化されるならば、その高架下にはビッシリと飲食テナントを敷き詰め、より解りやすく「食い倒れの街・大山」をアピールしていただきたい。絶対にコケるので、間違っても「オシャレな駅とブランド店」なんて方向性には行かないで欲しい。もしそんな計画を口にする人間がいたら、そいつは現実を見なさすぎる。それよりはテナントの家賃を可能な限り下げて、「世界各国料理が楽しめる激安立ち飲み屋が20軒並んでます」の方がよっぽど話題になるし、大山らしい戦い方ができるだろう。何にせよ、こんな妄想が楽しめるレベルには、事態が改善しそうなのだ。

## 七難八苦っぽいですけど……

東武東上線の立体化だけは区民にとって明るい情報だ。なんせ東上線は板橋区内（成増以外）には各駅停車しか停まらず、埼玉と池袋を結ぶ快速の方が遥かに本数が多い。そのせいで、板橋区民は自分達が乗れない快速電車が通り過ぎるのを開かずの踏切の前で待ち続けねばならなかったのだが、立体化が実現されればそんな惨めな生活ともオサラバできる。それだけでも東上線沿線の住民の暮らしは明るくなるだろう。

それと比べると、道路計画の方はお先真っ暗だ。実は徳丸・四葉地区からもすでに住民の不満の声があがっているのである。大宮バイパスから抜け道として住宅街の道路に入ってくる大型車両のせいで、騒音や振動に苛まれているのだ。この一帯は一戸建てが立ち並ぶ静かな住宅地なので、その環境が気に入って家を買った区民の心情を察するとさすがに心が痛む。どうして道によって発展した板橋は、道にこだわると酷いことになるのだろうか。

大山地区最大の難問。踏切の向こうには大きなスーパーが２軒と商店がぎっしり。これをどう越えて道を延ばす気なのか！？

見次公園の前はレースゲームならかなり難易度の高い急坂と急カーブ。しかも老人介護施設に公立学校と犠牲にできる場所がない。

板橋区コラム 2 歴史編

# 栄光の江戸四宿から一転「道」にこだわり過ぎて自滅した板橋区

ここまでに述べたように、歴史的に板橋区は常に「道」に支配されてきた土地である。道があれば人が来る。そして人通りがあれば店が増えて金になる。この仕組みは現代の都市となんら変わりはなく、そうして栄えたのが板橋だった。

しかし「道があればいい」という単純な理屈が通用したのは中世まで。江戸時代の板橋宿の繁栄がその絶頂期だった。明治以降の鉄道時代に入ってからの板橋は、打って変わって無残のひと言である。とくに「複数の路線が通っている駅がひとつもない」というのは恥といわずになんといえばよいのか。

そこで、本当に板橋以外で「複数の路線が通っている駅がひとつもない」区

拡張工事がなされた中山道によって分断されるのは商店街だけではなく、旧道も。写真の右側は旧中山道

はないのかと、23区の駅をしらみつぶしに調べてみた。しかしその結果、最後まで板橋区と江戸川区が競り合っていたのだが、江戸川区にはかろうじて一カ所だけ条件付きで他路線に乗換えができる駅が（土曜と休日だけ武蔵野線が停車する京葉線の葛西臨海公園駅）。ついに板橋区は同じ無名仲間の江戸川区にも完敗を喫したのである。

　これによって板橋区は23区で最も「鉄道未開の地」というレッテルが貼られる事となったのだ。「日本一空気が汚く、かつ事故が多い」という不名誉な肩書きを背負わされた大和町交差点に続き、これもまた板橋区にとって最大の恥部である。

さて、「板橋区は鉄道時代に取り残された」と書いたが、それについて詳しく説明しよう。明治時代に入って東京の各地で鉄道駅の建設ラッシュが始まると、板橋宿にも「駅を作らないか？」とお声がかかった。これは主要街道沿いの街を鉄道で結ぼうという計画で、板橋宿は中山道の代表的な宿場町として白羽の矢が立ったのだ。これが実現すれば実に便利な交通機関となったはずなのだが、当時の板橋宿の人間は「鉄道なんか通したら宿場町が廃れてしまう！」と、駅の建設を頑なに拒絶してしまったのである。今の時代の人間ならば先見の明がなかったと思うだろうが、当時は人も物も道を通ってやってくるのが常識だったのだ。

そう考えると「鉄道駅がある事によって人が集まる」というポジティブな発想よりも、「鉄道駅があると人が宿場町を素通りしてしまう」という警戒心の方が強かったのは仕方のない事かもしれない。それに明治時代初期といえば、板橋宿が人で溢れていた最盛期でもある。そうした宿場町としての成功とプライドが、鉄道という無限の可能性を秘めた新しい交通機関への理解を曇らせてしまったのだろう。ともかくこうして板橋宿の中でも最も栄えていた下板橋宿の中心部に鉄道を通すという計画は崩れ、1883年に上野、王子、浦和、上尾、鴻巣、熊谷の6駅を結ぶ路線が開通した。本来であれば王子の次に板橋があったはずなのだが、日本鉄道は仕方なく現在の赤羽駅の方へ線路を延ばして浦和と結んだのである。

そしてこの明治初期の鉄道時代の幕開けと共に、板橋の不幸の連鎖が始まる。まず上野〜熊谷間が開通すると歩いて板橋宿を通る人間が激減し、過去の栄光はどこへやら、遊郭が点在するだけの寂れた街と化す。そして1884年には、下板橋宿のほぼ全域が大火によって焼けてしまったのだ。特に上宿と中宿の被害は甚大で、下板橋宿の遊郭はこれを機に一斉に平尾宿に移設してしまう。そして翌年の1885年に、地元民との妥協点として板橋宿の外れに日本鉄道の板橋駅が建設された。これが現在のJR板橋駅である。板橋駅が板橋区なんだか豊島区なんだか北区なんだかわからない、妙に不便な場所にある理由はこれなのだ。

この板橋駅は、板橋宿の中心部とかけ離れた場所にあったため、他の鉄道駅と比べると利用者が少なく、結果として駅周辺の開発も一向に進まなかった。そりゃすぐ目の前に処刑場（近藤勇が処刑された場所）がある場所に駅を作ったってなあ……。とにもかくにもこうした数々の失敗が重なり、徹底的なまでに板橋宿自体が廃れ、江戸四宿に数えられた板橋宿は人々から忘れ去られたのである。お陰で現在では「板橋は埼玉の植民地」とすら呼ばれるあり様だ。過去の板橋宿の人間に対して激しい憤りを感じるのは私だけだろうか？

現在の三田線の板橋本町駅の辺りから、同じく三田線の新板橋駅の辺りまでは、かつて下板橋宿と呼ばれていた。下板橋宿は旧中山道に沿って作られた宿場町で、今でも同じ場所に大きな商店街がある。日本橋側から旧平尾宿の不動通り商店街、そして下板橋宿の中心だった旧中宿の仲宿商店街、さらに旧上宿の板橋本町商店街と、同じく旧上宿の坂町商店会がそれである。

一説によると現在のＪＲ板橋駅まで平尾宿だったそうで、そうなると板橋駅前本通り商店街もこれに加わる事になる。さらに下板橋宿ほどの規模ではないが、旧川越街道沿いの盛り場だった場所も商店街という形で今に受け継がれており、旧下板橋宿に近い場所だと遊座大山商店街とハッピーロード大山商店街がそれにあたる。

これら旧中山道沿いの商店街群と旧川越街道沿いの商店街群の間には、四ツ又商店街という少し寂れた商店街があり、途中で大型道路や首都高で分断されているものの、ほとんど繋がっているといっていい位置関係にある。上で挙げた商店街だけでも、直線距離に直すと数キロというとんでもない長さになり、板橋区民が未だに旧街道を生活の拠点としている事が理解できると思う。

板橋区は鉄道網に明らかな不備があり、無駄に大きすぎる道路は公害や大気汚染を引き起こしと、交通機関に問題がありすぎる。しかしそもそも板橋が繁栄するキッカケとなった中山道と川越街道の旧街道だけは、賑やかな商店街へと姿を変え、今も区民の生活を支える要であり続けているのだ。

便利だろうと大金を投じて作った道路や鉄道駅より、昔からある「道」の方が今の時代でもよっぽど庶民の役に立っている。いい方を変えると、未だに旧街道以上に優れた交通機関を作れない。それが板橋区の問題点の一つなのである。

# 第3章
# バイタリティがありすぎの板橋区の商店街

# コンビニや100円ショップが通用しない！恐るべき板橋の商店街！

## 次々と撤退する大手コンビニ

なかなか信じてもらえない話なのだが、板橋区に住んでいると頻繁にコンビニエンスストアが潰れたり、１００円ショップが不入りで撤退する様を目撃する。そうした失敗例は区内でも特に商店街周辺に集中しており、心なしか南東部において多発しているようだ。

筆者は生まれも育ちも仲宿商店街なのだが、過去に家の近所にあったコンビニだけでも3軒が閉店に追い込まれている。だがそれらは立地が悪かったとか、人通りがなさ過ぎたというわけではない。むしろ駅から近くて往来の多い通りという一等地にあったのに撤退したのである。

チェーン名はとりあえず伏せるが、まず真っ先に潰れたのが中山道沿いにあったSで、後に跡地へカレーチェーンが入り、そこは不思議と繁盛していたようだ。

次に撤退したのが本町商店街入り口にあったFで、ここは夜な夜な地元の悪ガキが店先にたまる不穏な場所だったのだが、気付いたらなくなってしまっていた。

続いて仲宿商店街の入り口という最高の場所にあったAも見事に討ち死に。これなどほんの数年前の話なのに「24時間営業じゃない」という都内のコンビニの常識を覆す店だったのだが、もしかしたらそれが災いしたのかもしれない。お陰で不動通り商店街の入り口から、環七とぶつかる本町商店街の出口までの直線2キロの超巨大商店街に、一軒もコンビニがないという不思議な土地になってしまったのである。

ちなみに数年前には大山金井町の東武ストア跡地に、都内でも珍しいほど規模の大きい99円ショップがあったのだが、素晴らしい品揃えだったにもかかわらずあっという間に閉店し、そのまま何年も放置され廃墟物件と化していた。

最近になってやっと解体工事が始まり、何ができるのかと期待していたら、更地にされて東武東上線の留置線が拡張されたという、何とも笑えないオチまで付いてくる始末……。

## 100円なんて高すぎるんだよ！

なぜこのような事態が起こってしまうのか考えてみたが、コンビニが潰れた場所の周囲にある八百屋や惣菜屋やスーパーなどは、今も変わらず地元の主婦達で大賑わいである。またコンビニ跡地に入った飲食店なども、それほど不入りには見えない。従って立地面で大きな問題があったという事ではなさそうなのだ。

そこでこうした失敗の理由をより深く探るため、まずは板橋区内にあるコンビニと100円ショップの数を調べてみたのだが、結果を見てある不思議な点に気付いた。新宿245軒、足立218軒と比較して板橋193軒と、板橋区は面積と人口の割にコンビニがやたらと少ないのである。各コンビニチェーンは優れたリサーチ力を持っており、勝算があるとみなした土地には次々と出店する傾向にあるのだが、という事はこの数字は板橋区がコンビニにとって「勝算のない土地」だという証明ではないか？　一方で１００円ショップはというと、板橋35軒、新宿36軒、足立44軒となっており、各区の人口（板橋55万人、新宿34万人、足立69万人）との比率を考えてみると、板橋区は３区の中でも「１００円ショップ不毛の地」だといえる。なぜか他区と比べてキャンドゥの店舗数だけは多いのだが、これは板橋にキャンドゥの本社が置かれているためで、恐らく区内にマーケティングのための店舗などがあるのだろう。

このように様々なデータを照らし合わせながら、板橋でコンビニや１００円ショップがやっていけない理由を考察してみた結果、ある単純な理由が浮かび上がってきた。それが何かというと、コンビニの商品は板橋区民にとって「高い」のである。さらに１００円ショップの商品は区民にとって「質が悪い」のだ。だから誰もこういった店の商品に魅力を感じず、積極的に物を買おうとしないだけなのではなかろうか？「そんなの板橋区民がわがままなだけだ！」と言われたらそれまでだが、実際に板橋区にはコンビニや１００円ショップよりも遥かにコストパフォーマンスに優れ、また質の良い安心できる商品を売ってくれる小売店が山ほどある。そういった店が密集して、板橋名物の何キロにも及ぶ巨大商店街を構成しているのだから、そもそも100円ショップなどには需要が生じないのだ。これによって大資本のチェーン店すらも商売が成り立たず撤退に追い込まれ、世間の流れとは逆に個人商店の方が生き残るという、理解し難い状況が生まれたのではないかと思われる。

この第3章では「コンビニや100円ショップがすぐ潰れる理由は、強い商店街があるからだ」という仮定の下に、板橋区の商店街の凄さをデータで証明し、さらに「板橋区の安さの秘密」にも迫ってみる。

※編集部注　この情報はあくまで8年前の発行当時のもので、現在はキャンドゥ本社は撤退し、不動通り商店街にも仲宿商店街にもコンビニが増えました。

果てしなく続く商店街。板橋区の商店街はこのように、直線にやたらと長いものが多いのが特徴

100円を下回る商品が大量に出回る板橋区では、100円ショップは「高くてたいしたことのない」店に

# 普段でも安いのに特売とくりゃ……とにかく何でも叩き売り！

## 板橋区民の値段感覚はハンパじゃない！

板橋区の代表的な商店街といえば、まず「板橋縁宿」という名称の付いている区役所周辺の9つの商店会群と、大山にあるふたつの商店街である。この他に中板橋駅や上板橋駅の周辺にも大きな商店街があり、これらは全て区の南東部に位置している。さらに志村、成増、赤塚、常盤台といった地域にも、上述した場所より規模は小さいが駅前商店街があり、板橋区では駅前には商店街があって当然なのだと言えよう。

一般論としては、こうした昔ながらの商店街は日本全国どこでも苦境に立たされており、大規模チェーンに客を取られて存亡の危機。店を閉めてしまう商店が続出した商店街は「シャッター街」へ……のはずなのだが、板橋区では逆にファミレスチェーン店やファーストフードチェーンが駆逐されるケースが目立つ。例外として、北西部の成増や徳丸といったベッドタウンは、再開発によって複合ビルやショッピングモールが建設されたことにより、昔からあった商店が閉店に追い込まれ、チェーン店の目立つ町並みとなってしまっている。

しかしそれ以外の地域では、各商店街が一致団結して様々なアイデアで顧客を確保しており、商店街ぐるみで朝市やお祭りといったイベントを開催したり、お店ごとに特売日や特売タイムを設けるなどして、常に周辺住民に期待感やお得感を持たせる事に成功している。

よってコンビニやチェーンの飲食店などは、こうした地元に根ざした昔ながらの個人商店以上の魅力をアピールできなければ、商売が成り立たなくなってしまうのだ。

例えば、大山商店街にフランチャイズの飲食店が出店しても、店は大山名物の「安い！美味い！多い！」という超強力な飲食店群との戦いに苦戦を強いられ、あえなく撤退に追い込まれてしまう。出店を決める前に「板橋区民はどんなに美味しくても1食700円以下でお腹一杯になれないと文句をいう」というリサーチをすべきだったように思う。

## 生活必需品もシャレにならない安さ！

さて「安くて量が一杯でお得感バツグン！」というのは飲食店に限った話ではなく、むしろ生活必需品などの各種小売店の方が価格破壊率は高い。

その「板橋価格」が最大限に発揮されるのは、主に朝市やお祭りである。どこも買い物客に屋台を出して無料で飲み物などを振舞っており、上板橋南銀座商店街では100円で販売される焼きそばが人気を集めている。

客達はこうした食べ物でお腹を満たしつつ、目玉の特売品を見て回るのだ。特売品の内容はその日によって変わるが、新鮮な野菜や地方の物産や花の鉢植えなど、主婦や高齢者の琴線に触れるようなラインナップになっている。

また一年通して頻繁にお祭りをやっており、例えば仲宿商店街で去年行われた納涼祭りでは、タマゴ1パック、ソーセージ、無添加ハンバーグ、ぶどう、とうもろこし、他各種野菜果物と、それだけで豪勢な夕食が作れてしまうほどのものを各お店がタダで客にプレゼントするという大盤振る舞いだった。

こうしたハレの日以外でも、区内には規模の大きな商店街が多いため、店の数だけ毎日お買い得商品が溢れており、特に店舗数の多い仲宿や大山などでは、どこで買ったら一番安いのか本気で確認しようと思ったら1時間以上かかる。

実際にこれを本書の編纂にあたって現地を歩き回って相場を調べたのだが、例えばスーパーで１パック１６０円のお惣菜を見つけて安いと思っても、近所の惣菜屋さんでは手作り惣菜を2パック３００円、4パックなら５００円（１パックは１００グラム）で叩き売りしていたり、スーパーのお肉コーナーで１本80円の焼き鳥を見つけても、鶏肉屋の店先で焼いてる焼き鳥はサービスタイムに10本５００円で売り出されたりと、どこも普通に安いというのに、そこからさらに値段を下げてみせるため、最安値を見つけるのがひと苦労だった。板橋はライフコーポレーションの東京本社やよしやの本社があるスーパーマーケットの本拠地と言える街だというのに、そういった大手スーパーと一個人商店が真っ向から競り合って譲らないあり様なのだ。

## どこもかしこも「最安店」なのだ！

さらにトイレットペーパーの価格を調べようと思い立ったまでは良かったが、大山の商店街で12ロール258円のトイレットペーパーを見つけてお買い得だと思っても、仲宿の商店街では12ロール248円で売っていたりと、今度は「スーパーVS個人商店」ではなく「仲宿商店街VS大山商店街」と、近くにある商店街で価格競争が始まる始末で、2時間近く徒歩で動き回ったというのに、結局一番安い店がどこかわからないままギブアップせざるを得なかった。

そういった事情があるため、あくまで私の体力の続く限り調べた結果となっている。もしかしたらさらに安い商品があるかもしれないのだが、申し訳ないが本当の最安値がいくらかに関しては、これを読んだ皆さんが実際に商店街を歩いて探してみてほしい。

ただし！　仲宿と大山の商店街だけでも、合計で「2キロある」という事だけは忘れないようにしていただきたい。恐らく自転車がないと途中で涙目になる事だろう。

## 祝文庫化記念「大山商店街お買い物指南」

　文庫化を記念して、実際に大山の商店街の賢いお買い物指南をしてみようと思う。この商店街は直線距離だけで1㎞を超えており、情報がないと無駄に歩き回らされるばかりで、商店街の魅力に気付く前に体力がなくなる可能性があるからだ。ただし、板橋にはオシャレ要素やハレの日要素が皆無なので、ここで言うお買い物とは日常生活に必要な買い出しであることを明記しておく。

　さて、まずは大山で買い物をする場合に絶対に抑えておきたいお店、いわば拠点を決めよう。ハッピーロードならば大曹ストアーが、遊座大山ならばBIG－A本店がそれに相応しい。両店とも価格と品質のバランスが安定しており、立地的にも川越街道寄りと山手通り寄りで、大山の巨大商店街の端と端に位置していてルート設定しやすいからだ。

　拠点となる店の場所を確認したら、後は特売品を求めて突撃するだけなのだが、ここで注意すべき点がひとつ。絶対に先に大曹へ行くということである。何故ならば、BIG－Aで買うべき物には大物が多く、アレもコレもになると重量が酷いため、なるべく後回しにすべきなのだ。

大曹でお値打ちの野菜や「100g100円超えたら高級品」というビックリする値付けのお肉を入手したら、駅方向へ進み道すがら八百屋や肉屋をチラ見して回る。この際に道中で必ずチェックして欲しいのは駅前のだるま市場だ。中でも渡辺鮮魚は大山で唯一と言っていい魚屋で、質の良い刺し身が欲しかったらとにかくココ。また、ハッピーロードには「みらべる」「よしや」「コモディイイダ」といったスーパーがあるので、それらの巡回も忘れずに。

無事にハッピーロードでの買い物が終わったら、次に調味料の類が切れていないか思い出そう。もし醤油や油などを買う必要があったら、迷わず遊座のBIG－Aを目指すべきである。ここは24時間営業で激安のプライベートブランド品が多く、生鮮品も揃っているので、変な時間に買い物の必要が生じた場合にも思い出すべき重要な店である。これらを毎日回れる覚悟と体力さえあれば、23区とは思えない生活費の安さを実現できる。このように大山は体力勝負の街なので、買い物は女房任せにせず、率先して亭主が手伝おう。

大曹ストアー内の肉屋の衝撃的な価格。国産の鶏もも肉でも80円台、輸入肉なら更に安い！

ハッピーロードはアーケードから出ても買い物拠点がわんさかある。とにかく体力を付けよう

# 昔ながらの商店がしかける ミラクル商法の秘密はコレだ！

## 強すぎる関係性でチェーン店の客を強奪！

個人商店の集合体である商店街には「昔ながらの人情」という、チェーン店には真似できない武器もある。コンビニなどが誰でも間違いなく働けるよう徹底的に業務をマニュアル化した点は、それはそれで優れているとは思うのだが、デメリットとして何かあった場合に全く融通が利かない。板橋の商店街にとって、ここが突破口なのではないか。

というのも、板橋はそもそも宿場町だったという事もあって、何十年も（下手したら100年以上）同じ土地で商売している家が数多く存在しており、同じ商店街で店をやっている人間は、お互いに「三代以上前から知ってる」という間柄である場合が多い。近所の住民も同様だ。

　こうした背景があって、商店街の人間は客が子供の頃から知っているとか、親が結婚する前から知っているといった事になってしまい、こうした「歴史」と「人間関係」に後押しされ、近隣住民は「米を買うなら〇〇屋さん」「お酒を買うなら××屋さん」というように、気心知れた昔馴染みの個人商店に足をのばすのである。またお店の人間もその辺をよく心得ていて、知った顔を見ると気さくに世間話を繰り出してくる為、長く商店街を基盤に生活していると、お店の人が段々と自分の親戚のように思えてきてしまうのだ。

　安いとか美味いとかいう即物的な魅力も大きいが、このような「情」というファクターは歴史の浅いファストフードや100円ショップでは絶対に真似できない。誰が言ったか知らないが「その土地の事が知りたければ商店街に聞け」という言葉は板橋区のためにあるようなものだ。

## かゆいところに手をのばし顧客をガッチリ固定！

またこうした昔ながらの個人商店の手法をスーパーが取り入れるケースも目立ち、板橋に東京本社を置くライフなどは、近隣住民に対して冷凍食品以外は何でもOKという配達サービスを行っている。しかし土着しているスーパーなどならいざ知らず、コンビニなどがさらにそれを真似しようとしても苦戦は必至だ。というのも、宅配サービスを行っているコンビニでは、まずシステム構築や店員のオペレーション教育から始めないといけないし、仕入れや客への気遣いに関しても、本部の許す範囲でという制約が付きまとう。「お得意さんの○○さんが好きだから」というだけでは、勝手な仕入れができないのだ（コンビニにとって現金仕入れは非常手段）。

このようにコンビニが地元民の需要に対応しきれないスキに、昔ながらの商店が「あらあら奥さん重そうね、手伝いましょうか？」だの「○○さんの好きなあれ、明日届くからさ」というように、もの凄い勢いでお客をかっさらってしまうのだ。

早くも答えが出てしまったような気もするが、板橋の商店街で長く商売を続けている個人商店には過去何代にも渡って培ってきた経験則と、近隣住民との間に密接な信頼関係がある。そのため新参者のコンビニやチェーン店など目じゃないのだ。

また首尾よく開店して目新しさで行列ができたとしても、その商店街が守ってきた流儀や風土に合わなければ、あっという間に悪い噂が「オバちゃん口コミ」を通じてインターネットを越える脅威的なスピードで広まり、いずれ誰も見向きもしなくなってしまう。例えばどこかのチェーン店が一度でも「本部の許可が下りなかったんでウチはお祭りに参加しません」なんて事を言ってしまったらまずアウト。「○○祭りを何だと思ってるんだ！」と商店会に激昂されて、その店には二度と回覧板が回って来なくなるし、一生後ろ指をさされて生きるハメになる。こんな話をすると何だか怖い土地のように思えるかもしれないが、ここまで徹底して皆が一丸となっているからこそ、歴史ある商店街と、それを構成する個人商店を守り抜けたのだ。何たって板橋は宿場町の連中が「鉄道通すのヤダ！」と言い張って板橋駅建設を認めなかった土地なのだから、そんじよそこらの大資本がやって来た程度じゃ揺るぎもしない。

## 安価で豊かな生活を実現する巨大商店街

この桁違いの団結力の強さは時として「区全体が鉄道時代に乗り遅れる」といった大ハズレの方向にも突き進んでしまうが、個人商店の保護や物価の安定という面では絶大な効果を発揮しているのだ。こうして考えてみると、板橋区は商店街（宿場町）という個の力によって、今の姿が決定付けられたと言っても過言ではないのかもしれない。区民の生活を商店街中心に考えると、板橋区では公より個の方が圧倒的に強い。

さて、そんな板橋区には、南東部を中心に至る所に商店街が存在している。地図を見てもらえばわかる通り、ベッドタウンに特化した北西部はスカスカなのだが南東部ではほとんどの商店街が繋がっているも同然の密集度で、駅間というより商店街と商店街の間に住宅地があるといった町並み。これは板橋区の生活圏が、歴史的に中山道や川越街道の旧道に面した宿場町を中心に構築されてきたためで、商店街だけでなく公的機関までもが何でもかんでも南東部に集中しているのはこの名残りだ。

こうした各商店街の安さの秘密を探るため、周辺人口と23区内の有名な商店街との土地価格を比較してみた。アメ横や高円寺商店街と比べると、板橋の商店街の土地価格は2分の1～3分の1と圧倒的に安い。比較的土地が安いと言えるかの有名な戸越銀座でも、板橋からすると1・5倍も地価が高いのだ。これだけ土地が安くて、何代も同じ土地にいるのであれば、とっくに土地建物の減価償却はできているだろうし、その分どこまでも値を下げる事が可能になる。周辺に住む人口にしても、区内の代表的な商店街はどこも数万人規模の顧客層を抱えており、致命的に人通りがなくなるという事態には陥り難い。住民視点で考えてみても、仲宿、大山、中板橋近辺の住民は、用途や特売品のラインナップに応じて複数の商店街を使い分ける事ができるため、金もかからず何とも豊かな生活を送れるのである（しつこいようだが自転車は必須アイテム）。これだけ多くの要因が掛け合わされて、板橋区の商店街や個人商店は今も地元民で賑わっているのだ。

## 商店街にある基準地価格の比較

| 基準地がある場所 | 住所 | 1㎡あたりの価格(千円) |
|---|---|---|
| 板橋区役所前 | 板橋 2-65-8 | 627 |
| 中板橋駅前 | 中板橋 20-3 | 664 |
| ハッピーロード大山 | 大山町 24-3 | 602 |
| 上板橋駅前 | 常盤台 4-31-3 | 616 |
| 成増駅前 | 成増 1-28-13 | 669 |

参考：23 区内の著名な商店街

| | | |
|---|---|---|
| 戸越銀座商店街（品川区） | 戸越 3-1-12 | 903 |
| アメヤ横丁商店街（台東区） | 上野 5-15-13 | 1,760 |
| 高円寺純情商店街（杉並区） | 高円寺北 2-6-2 | 1,440 |

東京都財務局「平成 26 年東京都基準地価格」

## 各商店街周辺地域の人口

| 商店街 | 人口（人） |
|---|---|
| 中宿 | 53,621 |
| 大山 | 64,113 |
| 中板橋 | 39,337 |
| 上板橋 | 44,622 |
| 志村 | 58,965 |

住民基本台帳による町丁別人口（平成 19 年 1 月現在）より算出（重複地域あり）

# 外国人もなじみまくりな国際都市板橋

## 世界中のどんな料理も板橋なら本場の味！

ここ数年で、板橋区には外国人シェフの経営する飲食店が急増している。しかもそのほとんどが有色人種で、白人のお店は滅多にない。板橋区の統計によると、区内の外国人登録者数は1万8022人で、23区では8番目に多い数値となっている。具体的な人数を見てみると、23区中でトップ10入りしているのはモンゴル73人（6位）、アフガニスタン3人（8位）、パキスタン45人（7位）、マレーシア91人（8位）、イラン48人（4位）、バングラデシュ145人（6位）、ミャンマー191人（7位）、ラオス4人（6位）、トルコ24人（9位）、ベトナム635人（8位）となっており、失礼な物言いで申し訳ないが、日本と比べて貧しい国からやって来ている人が、板橋を居住地に選ぶ傾向にあるようだ（中国・韓国・フィリピンの3カ国はあまりに人数が多すぎるため割愛）。

こうした海外からの移住者が多いため、必然的に外国人シェフのお店が次々と増えて行くのだが、その中でも特に目立つのはカレー屋で、バングラデシュ人もネパール人も、それぞれが故郷のテイストを加えた絶品カレーを「板橋価格」で提供している。

こういった外国人シェフの店は、主に大山駅周辺、板橋区役所前駅周辺、板橋駅周辺という南東部に集中しており、特に板橋最大の繁華街大山地区では、中華と焼肉を合わせると外国人経営の飲食店の方が多いのではないかと思えるほどの密集度だ。なんせ路地裏にあるお店も入れたら、中華屋と焼肉屋だけで軽く50軒はあるのだから何かがおかしい。

## 電話帳に登録されていない店が多い？

さて、本書のコンセプトは「データから真実を明らかにする」である以上、こうした板橋区南東部における外国人飲食店の集中についても数字を提示せねばならないのだが、電話帳を頼りに区内の飲食店数を調べたところ、何とも言葉に困る結果が出てしまった。板橋区は外国料理を振る舞う店の数が、新宿区や足立区と比較して圧倒的に少ないのである。これはどうしたものかと数字とにらめっこしたのだが、ふとある事に気付いた。電話帳を元に調べたら、そりゃ「電話帳に登録しているお店しか出てこなくて当たり前」なのだ。電話帳の一覧には「インド料理4軒」とあるが、他に該当する項目がない以上、ここにカレーやタンドール料理のお店などが含まれていると思われる。

しかし大山周辺だけでもそれ以上のカレー屋が存在しており、高島平方面まで含めたら20～30軒では収まらない数に上るため、残念ながらデータとしては全くアテにならない。これではいくら数字を見ても埒が明かないので、我々「東京の特別地域特捜班」は現地調査のため一路大山へ向かった（単に飲み歩きたかっただけともいう)。

まず各シェフに直接聞いてみたかったのは「なぜ板橋を選んだのか?」という点についてだ。この質問に対する答えで最も多かったのが「物価や家賃が安いから」で、他にも「母国語が通じる人がいたから」や「先に板橋に来ていた友人に誘われて」という事情もあったようだ。中でも板橋消防署のすぐ裏にあるバングラデシュ料理店「ルチ」のマイケル氏は、土着の区民以上に「板橋愛」に溢れており、板橋という土地を気に入るあまり、支店への移動を拒絶して店を潰したという伝説の男である。マイケル氏が移らなかったがために腕のいい料理人が確保できず、赤坂店が潰れてしまったというのに、マイケル氏いわく「赤坂なんてヤダよ。板橋が一番」とどこ吹く風だ。また同じくルチのジャヒド氏は娘が区立保育園に通っているのだが、これはお金がなくて困っていたところ、常連の板橋区役所の職員が何人も協力してくれて、安い区立保育園に入園させてくれたのだとか。そのせいか彼は「板橋の人は優しい。ずっと板橋で商売したい」と言っている。板橋区民にとって「人情」とは、外国人相手でも発動する基本装備らしい。

## 安いは安いなりに別の苦労がある

さらに大山でも古株のバングラデシュ人シェフが経営する「パドマ」では、板橋にやって来た理由として「ＡＰＦＳがあったから」という話を聞けた。この「ＡＰＦＳ」とは大山に拠点を置く外国人支援を目的とした市民グループで、各国の郷土料理や民族舞踊を披露し合うイベントなどを主催しているほか、日本で生活する外国人のために、医療や労働など様々な相談を受け付けている。またスタッフとして日本人以外にも様々な国籍の人間が在籍しているため、母国語の通じる相談窓口を求めて板橋へやって来て、そのまま区内で商売を始める人が多いのだとか。

また様々な国を渡り歩いてきたガーナ人シェフが経営するイタリア料理店「ディスティニー」では、経営面に関する詳しい話を伺う事ができた。主人のジョニー氏いわく、日本は外食人口が多く給料も高いため、シェフとして仕事をするのに最適な土地なのだという。

また板橋は様々な食材を安価で入手しやすく、家賃の安さも手伝って、都内で最も店を開き易い条件が整っていたのだとか。しかし、その分「価格を抑える」だとか「他に選択肢の多い地域住民の目を向けさせる」といった努力が必要となるため、板橋の客層は「飲食店に恵まれているから難しい」とのこと。

このように板橋区では、外国人も日本人も分け隔てない社会が築けているようで、そのため外国人シェフ達が積極的に店を出せる土壌が整っているのである。

ただ、こうした外国人シェフの店には日本に確固たる地盤が無いが故の悲しさもある。例えば、低価格かつハイクオリティな料理で評判になった店が、同郷の仲介人等にイジメられて追い出されるケースもあるのだ。大山地区だけで私が知る限りでも、非常に人気のあった台湾料理や中華料理の店が、そうしたゴタゴタで見る影もなく劣化し、人知れず閉店というパターンが何度もあった。そうした悲しい別れを繰り返さないためにも、外国人経営の素敵なお店と出会ったら「食べて応援」してあげるべきだろう。

# 格差社会でも問題なし！高級店すらやたらと安い板橋区！

## 他区の激安店も板橋では激高店

板橋は「板橋価格」と呼ばれるほど、とにかく物価が安い。小売店だけではなく飲食店の相場も何かが狂っており、松屋の朝定食より安くて盛り沢山の定食を出す店があちこちにある。そんな土地に住んでいるためか、板橋区民は意外と外食好きなくせに、1食1000円以上になるとやたらと判定が厳しくなる。例えば板橋2丁目にある「すいぎょく」や、大山にある「ビストロ・クレール」といった抜群に美味しいフレンチであるとか、常盤台の外れにある老舗の地中海料理屋「カッチャトーレ」など、フルコースが5千円前後でワインがボトルで2千円代からというお得プライスにもかかわらず、地域住民からは「高すぎる！」という声が挙がってしまうのだ。

今挙げたお店はどこもシェフのレベルが高く、店の雰囲気も抜群で、都心で同じ物を食べようと思ったら3倍以上の値段を覚悟しないといけない名店だというのに、板橋区民は何とワガママな事を言ってのけるのだろうか。イタリアンやフレンチ以外でも、焼肉だろうと寿司だろうと、区民にとって料金のMAXは「酒代込みで２０００円」なのである。それを超えるような店は「あんな高くちゃ長続きしねえよ」と陰口を叩かれてしまう恐ろしい土地なのだ。

こんな厄介な住民が多いため、板橋区にはいわゆる「高級店」が存在しない。いかにクオリティの高い素晴らしい料理を出すお店でも、都の平均価格を何倍も下回るのが「板橋価格」なのである。試しにヤフーグルメで板橋区のお店を検索してみたところ、平均予算が1万円以上の店はたったの2件しかヒットしなかった。あの足立区にすら予算1万円以上の店が私の調べた限りで5件あったというのに……。例えば区役所～大山周辺のときわ食堂をはじめとする各定食屋の３８０～４５０円という料金設定は、松屋や吉牛と真っ向勝負できる低価格だ。

また和食だけではなく、板橋1丁目の老舗の洋食屋「シュベスター」など、去年辺りまで500円で草鞋サイズのフライと大量のサラダとスープとライスというランチセットをやっており、成人男性でもそれを食べたら1日腹一杯というドカ盛り。さすがに今では少し値上げをしたが、それでも630円というラーメン以下の値段をキープしている。さらに凄いのが居酒屋で、板橋駅周辺に特に多い昭和で時代が止まった大衆酒場など、基本的に生ビールの中ジョッキが400円台かそれ以下というのが相場になっている（独自調べで最安値は280円）。また西台の三田線の高架下にある「わっしょい」という安居酒屋など、サワー全種150円という価格設定で、あまりに安すぎて身の危険を感じる。

## 深夜でもお腹いっぱい食べられる

これらに加えて日本人が大好きな焼肉屋や寿司屋にも激安店が揃っており、板橋駅近くの韓国人が経営する「オセヨ」という焼肉屋はカルビ480円、ホルモン380円と、大規模チェーンの牛角などと変わらぬ値段を実現してみせている。しかも朝5時まで営業しているので夜型族にも安心というオマケ付きで、深夜になると営業を終えた近隣の飲食店の人間で賑わう。また寿司では板橋駅前に本店がある「魚がし寿司」という地域密着型のチェーン店（赤塚、中板橋、赤羽、十条などに支店あり）など、1貫63円から、一人前630円から、最も高いお決まりでも約1500円と、京樽やちよだ鮨といった大手チェーンよりも安く、回転寿司並の値段なのだ。ちなみにこの店はその昔「立ち食い」だったという老舗で歴史もやたらと古い。

## そもそもの基準がおかしいほど安い

こんなとんでもない激安店が成立する理由というのは、商店街の項で説明した圧倒的な土地価格の低さや、全体的な物価の安さであろう。食材と家賃が安いのだから、他地域では真似できないほどの低価格が実現でき、かつ板橋は外食人口が多いため何とかやって行けてしまうのだ。試しに「魚がし寿司」の板さんに「こんな値段でやっていけるの？」と聞いたところ、明るい顔で「ええ、充分儲けさせてもらってますよ！」という恐ろしい言葉が返ってきた。しかも「ウチは酒が高いんっすよ。申し訳ないっすね！」と言われてメニューを確認したのだが、大きなジョッキになみなみ注がれて出てくる焼酎のお茶割りが500円だった。いや、全然高くないどころか、むしろ安いと思うのだが…。板橋ではジョッキ一杯の酒に500円という値を付けると「高くてごめん」と謝らねばならないらしい。

こんな調子だから、板橋区では大勢の会社帰りのお父さんが千円札一枚で酒を引っ掛け、美味い肴を味わい、毎日上機嫌で家路に着くのである。何てステキな街なんだろう……。

# 安いだけじゃない！職人や元祖で溢れる板橋の飲食店！

## 非常に質の高い板橋区の外食産業

この章では商店街や激安飲食店について述べてきたが、それだけだと板橋が単なる「安かろう」のひと言で片付けられてしまうかもしれない。しかし実際には全国的に有名なチェーン飲食店の本店があったり、あるジャンルの元祖の店があったり、また立派な肩書きを持った職人が経営しているお店があったりと、質の面でも大変優秀なのである。

例えば激辛ラーメンで有名な中本は、そもそも上板橋の住宅街にあった中華屋がその起源で、安さと盛りの多さと美味さで学生や地元民の間で大人気だった。この上板橋本店は一度閉店しているのだが、ファンの間で復活してほしいという声が高まり、2代目店主が同じ上板橋で店を再開して今に至る。中本はこの2代目店主の代になってから、頻繁にTVや雑誌で取り上げられ、大行列のできる人気店となり、池袋、新宿、目黒、吉祥寺と支店を増やしている。

ラーメンと言えば、その昔環七の常盤台付近に伝説の屋台のラーメン屋が存在していた。その名を「土佐っ子ラーメン」と言い、ホープ軒と並んで今から20年以上前にラーメンブームの火付け役となった店であり、また「背脂チャッチャ系」の元祖とも呼ばれている。

ここはラーメンも店もとにかく全てが脂ぎっていて、醤油と背脂の味しかしない「究極のジャンクフード」として名を馳せていたのだが、そんなインパクトのあり過ぎる味だったにもかかわらず、わざわざ車で遠方から通う人間が続出し、一時期は「環七の土佐っ子渋滞」が問題視されていたほどの超人気店だったのである。この「土佐っ子渋滞」がいかに酷かったかについて、板橋区某所の交番に勤務していた人物は「いちいち捕まえてられないほどの量だったので放置するしかなかった」と語っている。これほどまでに多数のファン（というより信者）を生み出した土佐っ子だったが、最後は泥沼の分裂劇を展開した挙げ句に、主要スタッフがバラバラになってしまい、同じ名称のラーメンチェーンは今も存在するものの、全盛期の土佐っ子とはまるで別物と化してしまった。今でも昔の味に近いラーメンが食べられる店は、常盤台と上板橋の中間辺りにある「下頭橋ラーメン」や、北池袋の川越街道沿いにある「一秀」などで、この両店は「全盛期に近い」と古くからのファンの間で概ね好評のようだ。

## 名士名人勢ぞろい　ムダに豪華な板橋区

さてさて板橋のちょっと凄い店はまだまだあり、続いて西台駅から徒歩5分の場所にある「インディラ」をご紹介しよう。この店はマイルドな甘さとコクが特徴的な「欧風カレー」の元祖である。というのも、このインディラで働いていた人物が今から30年ほど前に独立し、神保町で「ボンディ」を創業したのだ。そしてこのボンディから派生する形で、四谷のオーベルジーヌや神田のカヴィアルなどが生まれ、いわゆる「欧風カレー」というジャンルが定着したのである。一部では欧風カレーの元祖はボンディだと言われているが、その味わいや、茹でたジャガイモを別皿で付けたり、ご飯に梅干を乗せるといった要素は、全てインディラで成立したものであり、サラブレッドの血統風に例えるならば、インディラこそが「欧風カレー系」の始祖なのだ。

インディラと同じく西台駅近くにある元祖のお店といえば、忘れてはならないのが一不二という和菓子屋である。ここは日本でも数多い「いちご大福の元祖」を名乗る店の中でも、曙橋の大角玉屋と並んでハッキリとした証拠・根拠を持つ本物とされる店だ。ちなみに、製造法などの特許を保持しているのは大角玉屋なのだが、一不二の方も実用新案（1640558号）を取得しており、この両店に関しては本当にどっちがどうと断定し辛い。だが、そんな事は利用者にとってはどうでもいい話であり、大切なのは味である。一不二のいちご大福は、大粒のジューシーな苺とうぐいす豆が羽二重餅で包まれており、羽二重餅ならではの口当たりの良さ、そしてしつこくない上品な甘さとほのかな酸味とのバランスに優れており、「さすが元祖」と言うよりない絶品。しかもこれが1個150円程度というから恐れ入る。使っているイチゴも厳選されているはずだし、客が経営を不安がるという典型的な「板橋価格」である。

常に安さという点ばかりがフィーチャーされる板橋区だが、実はこのように質の面でも決して他地域に勝るとも劣らない。本書で何度も口にしてきた「板橋価格」という言葉は、ただ安いだけでは駄目なのだ。普通だったらあり得ないような低価格で、ハイクオリティな商品を提供してこそ、初めて「板橋価格」と称される。

ただし、このような「板橋価格」には、現状の家賃相場が維持されてこそという前提条件がある。よって、妙な土地開発などが行われて地価や家賃が跳ね上がる時が来たら、このような価格設定ではやっていけない。良いのか悪いのか「無名で地味な板橋区」だからこそ成り立っているものなのである。

よく都心のオシャレな街にある店ばかりメディアに持ち上げられたり、都心にしか本当に美味しいものはないとまで言う輩もいるが、それは田舎者の妄言である。これだけ長い歴史を持つ国なのだから、優れた技術や文化が特定の有名な街にだけ集まるなんて事はある訳がない。板橋区に限らず、どんなに地味で無名な土地にも名人がいて当たり前なのだ。肝心なのは、そういった優れた物を的確に見抜けるかどうかという目利きの才能のあるなしである。

# 板橋区の商店街はやたらと広大だった！

## 長くて広いうえに隣接しあっている

板橋区の商店街は規模も大きい。地域によっては寂れてしまった場所もあるが、それを差し引いてもここまで昔ながらの個人商店が密集し、かつ活気を残している例は日本全国でも稀有であろう。

実際に区外の人間が板橋に来ると、まず商店街のあまりの巨大さに驚くようだ。板橋区に住み続けている人間にとっては、これが普通だから何とも思わないのだが、どこの街も画一化されつつある今となっては、こうした前時代的とも思える町並みが珍しく映るのかもしれない。例えば区外に引っ越した友人達がよく「商店街がなくてどこで買い物していいかわからない」と嘆いているのだが、板橋区民にはさっぱり理解できない話だ。別に大袈裟でもなんでもなく「商店街のない街」という景色が頭に浮かばないのだ。しかし現在は全国の商店街が存亡の危機に立たされており、大きな歴史ある商店街がシャッター通りになってしまっているという話をよく耳にする。

特に問題になってるのが後継者不足で、土地も建物もあるのに継ぐ人間がおらず、泣く泣く店を閉めてしまうケースも多いという。商店街の魅力は専門店の多さなのだから、店が減れば次第に人通りも少なくなる。そうなると残った店の売り上げも落ち込み、負のスパイラルに陥って気付けば商店街全てが廃れてしまう。こんな時代に板橋の商店街が賑やかさを保っている理由はいったい何なんだろう？

## 歴史の古い仲宿商店街は全体的におとなしめ

古くは下板橋宿の中心地として栄え、現在も地元民の台所として賑わっている仲宿商店街。旧中山道と王子新道が交差する地点から、板橋の由来の一つとされる橋までの、幅4間直線約600メートル（途中何本かある脇道を含めればそれ以上）に渡る巨大商店街である。この仲宿商店街を中心として北と南にも複数の商店街が繋がっており、全てを合計すると直線で約2キロという長さになる。

平成14年度の商業実績の統計によると、小売店や卸売り業者の数が約130店舗で、これに飲食店等が加わり、総数でおよそ200店舗が立ち並んでいる。近くにはお寺や史跡などが何カ所もあり、中山道の旧道散策などで立ち寄る人も多いが、仲宿には明治時代以前～昭和30年代頃からの店が多く残っており、それ自体が史跡ともいえる。創業50年程度では自慢にならないのだ。

それだけ古い町だけあって仲宿は万事すべてが昔ながらで、日が落ちるまでそこら中の店主がひっきりなしに声をあげている。夕方になると「これ余っちゃったから持ってきな！」と、これまた昔ながらの投げ売りが始まり、スーパーのお勤め品では相手にならない謎の価格破壊が巻き起こるのだが、それ目当てのお母さん達が目を血走らせて徘徊する光景は隠れた名物だろう。

商店街の裏手にはこれまた古い雰囲気の静かな住宅街が広がっており、家賃も都心に近い割には意外と安く、大きな公園まである。こうした住みやすさから、最近では流入してくる家族などが増えているという。ただし歓楽街的な要素はまるでなく、20時を過ぎると開いている店がほとんどなくなるため、夜型の人や遊びを求める人には面白くないだろう。余談だが、上に挙げた仲宿とその周辺の商店街を合わせた直線約2キロは、ほんの数年前にはコンビニも都市銀行のＡＴＭも一軒もないという凄まじい地域だった。

## 大山地区には巨大商店街がふたつ！

大山地区には巨大な商店街がふたつある。ひとつは山手通りから旧川越街道を入った地点から始まる直線約５５０メートルの遊座大山商店街。もうひとつは東上線の大山駅から川越街道までの直線５６０メートルの巨大アーケード街ハッピーロード大山。ふたつの商店街は東上線の踏み切りを隔てて隣接しており、合計すると直線部分だけで１キロ以上になる。商店の内訳としては飲食店が多く、チェーン店から個人経営のお店までジャンルも営業時間も様々だ。また大山は板橋区のクセに（失言）深夜営業店が多く、明け方5時くらいまで開いているお店もアチコチに点在しており、「眠らない街」と呼んでも決して大袈裟ではない。

また最近ではなぜかラーメン専門店が急激に増加しており、隠れたラーメン激戦区という一面もある。この辺りは昔から焼肉屋や中華屋など、外国人が経営している店が密集した地域だったのだが、最近になって様々な国の人が飲食店を開き始め、今では異常なまでに食文化に恵まれた土地と化した。さらに特徴的なのがパチンコ屋の多さで、駅周辺に8店舗（フロア数では12フロア分）もひしめき合っており、このおかげで人通りが多い反面、治安面での不安が常に問題視されている。確かにパチンコ屋の開店時間になると、老若男女問わずパチンコ屋の店先に列を作っており、街の行く末が心配になる気持ちもわからないでもない。

しかし商店街はまだましな方で、少し裏通りに入った大山金井町の辺りなどは昔から事件に事欠かない危険地域と言われてきた。現にここ数年でいきなり牛刀で切りつけられたとか、立て篭もり事件が起きたとか、殺人事件だ放火だ銃声だと、とにかく物騒な話ばかりが聞こえてくる。これは街が歓楽街に特化した事の弊害だといえ、早急な改善が求められている。狭くて暗いちょっと怖い路地なども多いため、夜は特に女性のひとり歩きは危険だろう。

## 価格帯では板橋イチ！　ビミョーな祭もある‼

中板橋商店街は、駅を中心に放射状かつ碁盤の目のように商店街が広がっている。特に栄えているのは駅の北口側で、南側の川越街道へ向かう道はちらほら飲食店がある程度。昔ながらの「食料品なら○○屋〜」といったお店紹介のアナウンスが流れる、なんとものんびりした土地である。ちなみに、北口には「よしや（Ｓａ・ｉｎＥ）」という大型スーパーがあるのだが、実はここが本社であり、こんな下町のスーパーなのにワインの品揃えに絶大な信頼が置かれている。それ以外のお店では、板橋価格の中でも底値ではないかと思われる八百屋や、おでんダネや漬物の専門店など、昭和の時代が続いているかのようなラインナップで、個人経営の安くておいしいお惣菜屋さんも繁盛しているようだ。

立地的には東武東上線しか最寄りがないように思えるが、北口側から環七や愛染通りを経て都営三田線の板橋本町駅を使う事も可能なので、その中間にある大和町や双葉町といった住宅地に住んでも、交通・買い物の便は悪くない。

また、中板橋には板橋三大祭りのひとつである、「へそ踊り」というものがある。中板橋は名前の通り、ちょうど板橋区の中心（へそ）に位置するため、こんな名前になったとか。ただ祭りが始まったのが平成8年と最近なので、地元民でも知らない人は多い……。

帰宅時ににぎわう仲宿の商店街。この時間は投売りラッシュの最終局面。恐怖の価格破壊が進行している

大山のハッピーロード。眼鏡屋や薬屋が異様に多いのが最近の傾向。飲食店はアーケード外にも多数ある

# 板橋の商店街が廃れない理由っていったい何なの？

## 大規模開発に頼らず自然に発達してきた商店街

板橋区が板橋宿と呼ばれていた頃、中山道と川越街道とで宿場町がふたつ存在していたため、東の中山道側を下板橋宿と、そして西の川越街道側を上板橋村と呼んだ。形をそのままに今も巨大商店街として現存している下板橋宿と違い、今の弥生町や大谷口の辺りにあった上板橋村は消滅してしまっているため、どうしても現在の板橋を語る上で扱いが小さくなってしまう。

しかし最盛期には下板橋宿にも負けないほど栄えていたそうで、例えば江古田なども上板橋村の一部だったのだから、その規模の程もわかるだろう。なぜこのような昔話をするのかというと、板橋区で今も栄えている大きな商店街というのは、ほとんどが下板橋宿と上板橋村と呼ばれた地域に集中しているからである。この章では区を代表する特に大きな商店街を紹介したが、仲宿は下板橋宿の中心地だった中宿そのもので、中板橋は西側の一部が上板橋村であった。

そして大山は旧川越街道沿いの下板橋宿と上板橋村を繋ぐ中間点に位置している。この3ヵ所以外にも、例えば上板橋駅周辺のように今でも賑わう商店街がある地域は多いのだが、そのほとんどが街道沿いもしくは街道に程近い立地である。こうした事から、板橋区では「昔から栄える場所が変わらない」という事実が明らかとなってしまう。意地の悪い言い方をすれば、これは公的資金や大資本の投下による、大規模開発によって作られた街が全くない証拠なのだ。

## 一部には商店街が廃れてしまった地域も

商店街というと、道に沿って様々な個人商店が立ち並んだ場所というイメージが強い。しかし視点を変えると東京駅の八重洲口地下街や、至る所で二匹目のドジョウとばかりに建設されている「何とかヒルズ」に、さらにはジャスコやサティなども現代の商店街のひとつの形と言える。これらは商店街を横に延ばすだけではなく、縦に重ねるという発想で作られ、それによって昔ながらの「横に長い商店街」以上の利便性を実現した。またブランド店を中心に多種多様な店を集める事で「何でも揃う」というイメージを作り上げ、ビジネスモデルとして大成功を収め、今では都市開発の基本形とされている。

しかしその一方で古くからある商店街は客を取られ、時代遅れの産物と化し、全国にシャッター通りを増産する弊害をも招いてしまった。現在はコンビニだけでなく、24時間いつでも買い物ができるスーパーも増えてきているため、現代人の生活スタイルを考えると、のんびりした商店街はなんとも分が悪い。板橋区も決して例外ではなく、再開発によって利便性の高い施設が増えた反面で、昔ながらの商店街が廃れてしまった地域がある。例えば成増には駅の隣にACTという西友や無印良品などが入った多目的ビルがあり、そのすぐ近くには再開発ビルことアリエスがある。このアリエスの中には郵便局や図書館やハローワークなどの公共施設が入っており、近隣住民の新たな生活拠点となった。

さらに東武練馬駅の近くには映画館まで備えたイオンがあり、そのおかげで徳丸地区の年間販売額がここ数年で９００％以上増加するという実績を残している。これらは板橋区が都市開発に成功した例なのだが、周辺の個人商店は次々と廃業し、チェーン店しか目に付かないあり様だ。しかし実際にその地域の経済事情は良化しているのだから素直に街が発展したと評すべきなのだろう。

## 性質は変化しようとも板橋の商店街は不滅だ

板橋区の西部地区が都市開発に成功し、人口面でも商業面でも伸びているのと比較すると、昔ながらの個人商店が多く残る地域は減少か停滞といった流れにあるようだ。

板橋が誇る一大工業地帯のある西部地区は、卸売業者が多い事もあって売上げがどこも好調なのに対し、商店街メインの南東地区は苦戦が数字に現れている。南東地区の中でも、小売店も卸売業者も多い板橋1丁目だけは例外だが、特に減額率の高い（ここ10年で約20％減）大山などはかなり不安な数字が出ている。

大山は昔は区役所の最寄り駅であり、行政の中心地とされていた土地で、商店街も賑やかで個人商店も多く、東上線に乗ってわざわざ買い物に来る区民が大勢いたほどだ。しかし近年の大山地区は、西部地区の開発の余波を受けたのか駅自体の利用者が減り、また世帯数は変化がないのに人口は減っている。ここから1〜2人という小規模世帯が増え、家族が流出している事がわかる。これに合わせるかのように、商店街から次々と昔ながらの個人商店が姿を消し、パチンコ屋とチェーン店と飲食店ばかり目立ってきた。

しかし注意したいのは、今回参考にした小売店の統計データには飲食店の売り上げが含まれていない点。数字の上では減額傾向に見えるが、実際には商店街全体の売り上げが減っているわけではない。個人商店の代わりに飲食店が増え、歓楽街要素に特化した街になりつつあるのだ。

こうした大山の実情と比べると不思議に思うのが、経済的にそれほど大規模とは言えない仲宿や上板橋や中板橋といった古い商店街で、商店数も販売額も深刻な下落傾向は見られない。仲宿や上板橋などは人口が増加傾向にあり、商店街としてはむしろ明るい未来が見えているのだ。

板橋区の特徴である今も賑わい続ける巨大商店街群だが、内情を詳しく調べてみるとどこも苦戦を強いられており、良くて現状維持という状況だ。だが全国規模で考えてみると、昔ながらの商店街は販売額で5〜6割減が当たり前という時代だから、驚くべき健闘ぶりだともいえる。板橋区はブランド品や高級品を扱う商店が極端に少なく、身の回りの日用品や食料品を売る昔ながらの専門店が多いため、長くそれが「街に魅力がない」とデメリットのように言われてきた。しかし個人商店受難の時代になってみると、それが結果として逆境に強い要因と化しているのである。大きな金額は動かなくても生活に欠かせない商品を中心に据え、昔ながらの手法で地域住民と密着する事により、プラスは少ないがマイナスも少ないという時代の流れに左右され難い状況を作っているのだ。これはあえて変わらない事で身を守る事に成功した稀有な例といえるだろう。それともうひとつ重要なのが、複数の路線が走る大きな駅が一切ないという点である。このおかげ　で板橋にはいつまで経っても大規模な繁華街ができないのだが、その代わりに都心部と比較すると区内のどこの地域も家賃が安い。家賃が安ければ小売店も飲食店も価格を安く抑えられ、物価が安ければ区民も安心して地元で買い物ができる。従って結果として商店街への需要が極端に減る事がないのだ。

ここまでの話でご理解いただけると思うが、板橋区は街として致命的な負の要素を多く抱えている。しかしあえてそれらを片っ端から掛け合わせる事で、商店街にとってのプラス要素にしてしまっているのだ。大山の商店街などは、他の地域の商店会が街づくりの参考にと視察に来るほどで、東武東上線という私鉄しか走っていない土地である事を考えると、驚くべき生命力だと言えるだろう。長く続いている不況の時代を生き抜くヒントは、こうした画一化された街づくりを全否定するかのような、板橋の商店街にあるのかもしれない。

東武練馬駅近くにできたサティ（現イオン）。生活必需品から映画館まで内包するという多目的ショッピングモールだ

サティ開業後、勢いを失ってしまった東武練馬駅周辺の商店街。かなりシャッター街化が進んでいる

板橋区コラム 3 グルメ編

# 大山グルメの真髄は路地裏にあり！

大山というと、どうしてもハッピーロード大山と遊座大山という2大商店街の話題に比重をかけざるを得なくなる。だが、板橋に生まれ育ち一族郎党みな酒屋という由緒正しい飲兵衛の筆者としては、大山の路地裏に注目したい。

以前から「大山の飲食店は異常にコストパフォーマンスに秀でている」と、耳ざとい飲兵衛達の間で評判だったが、外から訪れる人々は事前にネットで調べた有名店か、メインストリートにある入りやすそうなお店だけで満足してしまう。だが、大通り沿いは駅から近かったり、アーケード商店街の中だったりと、どうしても家賃相場が高い。よって、飲食代のどこかに家賃も上乗せせねば経営が続けられない。そうした事情から考えると、路地裏立地の店にこそ「う

まい！お腹いっぱい！安い！」という大山グルメの真髄があるのだ。

では最近の大山の路地裏グルメ事情がどのようになっているかというと、価格破壊型のお店の乱立が目立つ。ただでさえ安いがウリの大山なのに、更に「店主は算数が苦手なのではないか」と不安になる店が続々と現れたのだ。

こうした価格破壊系乱立が本格化したのは、『晩杯屋』と『ひなた』の二軒がキッカケだったように思う。『晩杯屋』は赤羽の『いこい』という立ち飲み屋から派生した究極の激安系立ち飲み屋で、値段からは想像できない味と盛りの良さが評判だ。『ひなた』は野方の『秋元屋』から派生し、上板橋で大人気店となり、その後大山に出店したという経緯があるモツ焼き屋。串焼きが1本100円程度で、それ以外のメニューも300円台だったら高級品という価格帯で品揃えも幅広い。ちなみに『いこい』と『秋元屋』はそれぞれ都内でも特に有名な名店中の名店である。そうした名店のDNAが、飲食天国の大山に殴り込みをかけてきた図式なのだ。これらに加えて、大山随一の人気店である鏑屋（モツ焼き屋）など古くからの大山価格の店も健在で、大山一帯の飲食代相場が一気に下落した。ついでに言えば、立ち食いそばチェーンの富士そばの立ち飲み屋形態も、大山ではいち早く導入された。こうした流れにより、大山は価格破壊系飲食店の群雄割拠を迎えつつある。

だが、こうした価格破壊系で、なおかつ旨い店は、地元民だけですし詰めになってしまっており、「1席空いていればラッキー」という状況にある。せっかく大山グルメを堪能しようと電車を乗り継いでやって来たのに満席では泣くに泣けないので、ここでは特別に地元民ならではの立ち回りをご紹介する。もし仮に目的の店に入れなくても安心して欲しい。ここは飲兵衛天国・大山だ。

さて、先に挙げた店の中では『晩杯屋』だけは大箱なので入れないことはまずない。よってこの店をベースキャンプとする。友人との待ち合わせに使うのも便利なので、大山駅に着いたらとりあえずこの店を目指そう。首尾よく入店できたら、250円程度のチューハイでも頼みつつ、100円台からある恐ろしいメニュー表とにらめっこすべし。オススメは1枚110円かそこらなのに1匹丸々出て来るアジフライだ。それとマカロニサラダなど頼んでも、まだお会計は500円未満である。これで時間を潰しつつ、飲み仲間と合流するなり、次のお店を探すなりしよう。また、大山の人気店の多くは原則として予約ができない。その代わり、店員に電話番号を伝えておけば、席が空き次第連絡をくれるので、先に目当ての人気店にツバを付けておき、席が空くまで『晩杯屋』でよろしくやるという流れが最も無駄がない。

首尾よく次のお店が決まったら移動する訳だが、ここでは『ひなた』へ行くこととする。ただ、『ひなた』にはモツ焼きの店以外に、魚料理を中心にしている『魚猫』という店もあるので注意が必要だ。個人的には『魚猫』の手作りオイルサーディン（2匹250円）は行く度に頼む鉄板メニューである。それと『ひなた』にも『魚猫』にも置いてあるバーニャカウダーも全力でオススメできる一品だ。モツ屋というと串焼きや煮込みといった肉類だけを肴にしがちだが、ここは野菜メニューも豊富なので、「ヘルシーだ」と自分に言い聞かせてプラシーボ効果が期待できる。これらに加えて山盛りで出て来る鶏の唐揚げを頼んでも、なんとお値段千円程度だ。これらは2人でシェアして食べるべき量なので、1人辺りなら500円で済む。さあ、次の店を考えよう。

ここまでで財布の中身は千円札1枚と小銭しか減っていないはず。もし千円札が2～3枚消えていたら、安酒をあおり過ぎているので帰宅も視野に入れるべきだ。まだコンディションが良いなら、周辺の名店になだれ込もう。

魚料理ならば老舗の『神谷』が昔ながらの小料理屋として突出した存在で、価格も千べロ系とタメを張れるほど安い。日替わりなので運に左右されるが、もしさつま揚げがあれば食べてみて欲しい。こんなこ汚い（失礼）店で出て来るとは思えぬほどの傑作だ。他にも何の変哲もないイカの煮物や、季節の魚を使った素朴な料理は、何を食べてもハズレがない。これらを摘みつつ、熱燗をチビチビやるのが寒い季節の定番である。

もし肉がいいならば、少し大山駅の方に戻って『SANKYU』が鉄板。ここはその名の通り390円均一のお値頃なお肉から、高級店で1皿3千円以上の値が付けられてもおかしくないA5肉などが、高くても1千500円程度の価格帯で楽しめる。もし暑い季節ならばフローズンマッコリという悪魔のようなメニューもオススメしたい。これは読んで字のごとく、マッコリをシャーベット状にしたという殺人ドリンクだ。

ここまで飲み歩けば、もういい加減に血中アルコール濃度も限界を迎えているだろう。今夜はここまでにして、健康を維持するのも飲兵衛の嗜みである。

大山の路地は、昔はぼったくり飲み屋や違法営業のちょんの間など、裏稼業臭のする店が多々ある恐ろしい場所だった。しかし、時代が変わってそのような店が経営できなくなると、空いたテナントにチャンスを求める料理人達が入るようになり、今では優良店がひしめき合うようになった。街として真逆の姿に変貌を遂げたのだ。相変わらず電灯が少ない暗い道もあるが、昔のような危険さはないので、安心して飲み歩きを楽しんで欲しい。今回は安さを中心に紹介したので、取り上げられなかった名店が山程あるぞ。

# 第４章
# 板橋区民はどんな生活をしているのか？

# 板橋区の家賃は安い？ウソかマコトか調べてみた

## 安くて便利？　実は全然悪くない！

よく板橋は家賃が安いと言われるが、それがどこまで本当なのか実際に調べてみた。その結果を新宿区、足立区と比較したのが187頁の一覧だ。これを見ると、紹介されている物件数の多さがずば抜けている。新宿1万8895件、足立6916件に対し、板橋1万1872件というのは、それだけ板橋区に居住スペースが余っているという事だろう。

さらに細かい条件面を見ていくと、足立区よりも最低家賃が低いという数値に軽く驚きを受ける。しかし最低家賃というのは、たまたま区の辺鄙な場所に1ヵ所だけ築数十年のボロアパートがあるというケースも考えられるため、平

均的な家賃相場を測るには適さない。そこで次に注目すべきは４万円以下の物件数の数である。板橋には１５０件もの低家賃物件があり、新宿１２０件、足立１３５件を凌駕する件数だ。しかし家賃が安いと言っても、極端に狭かったり、いまどき風呂なしや共同トイレでは居住性が悪すぎるだろう。そこで風呂なし物件の件数をチェックしてみると、板橋には98件の風呂なし物件がある事がわかる。先ほどの４万円以下の物件数１５０件からこの数字を引いてみると、52件が家賃４万円以下であっても風呂が付いているという事になる。試しに他の区でも同様の計算をしてみると、足立区には４万円以下の風呂なし物件が66件あり、新宿区は何と驚きのマイナス88件という数字になってしまった。これは新宿区では家賃４万円以上であっても風呂のない物件が88件もあるという事なのだ。

しかしさらに面白いのは四畳半物件の数である。安い部屋というと四畳半だとか昭和枯れすすきだとかいう言葉が頭に浮かぶが、板橋12件、新宿56件、足立10件となっており、実は田舎だとかスラムだとか馬鹿にされている板橋足立の方が四畳半が少ないのだ。実数で言うと足立区は１２５件が、そして板橋区では足立を越える138件が、4万円以下であっても四畳半以上なのである。しかし新宿区はと言うと、家賃4万円以下で四畳半ではない物件が64件しかない。平米数では板橋、足立には低家賃でも15平米以上の物件が数多くあるのだが、新宿では10平米未満の物件が多く目立つ。こうした数字を見ると、そんな悪条件で新宿に住む必要があるのか疑問に感じる。金がないなら板橋や足立に住めばいいじゃないか。そんなに新宿区在住と言う肩書きが欲しいのか！

だが板橋の田舎イメージのせいで「でも交通の便が……」なんて声が挙がりそうなので、そういう人間には上の一覧を読めと言いたい。板橋区の主な鉄道駅から都心へのアクセス時間を見てみると、池袋へなら大山駅や板橋駅を利用すれば4〜6分で、大手町や東京といったビジネス街へも16分〜30分あれば着いてしまうのだ。勤め先に応じてどの沿線に住むか決めれば、実はそれほど苦もなく通勤できるのだ。板橋区は家賃が安いだけではなく、広いし通勤も楽だし言う事なしじゃないか！

## 各区の賃貸物件比較

| | 板橋区 | 新宿区 | 足立区 |
|---|---|---|---|
| 物件総数 | 11,872 | 10,895 | 6,916 |
| 最高家賃（万円） | 93 | 160 | 40 |
| 最低家賃（万円） | 2.1 | 2 | 2.5 |
| ４万以下物件数 | 150 | 120 | 135 |
| 風呂なし物件 | 98 | 208 | 69 |
| 四畳半物件数 | 12 | 56 | 10 |
| 徒歩最遠時間（分） | 30 | 25 | 35 |

ヤフー不動産掲載分より（平成20年２月）

## 都心へのアクセス時間

| 出発駅 | 山手線内<br>（）内は駅名 | 東京 or<br>大手町 |
|---|---|---|
| 東上線・大山 | ６分（池袋） | 26分 |
| 東上線・成増 | 10分（池袋） | 32分 |
| 三田線・新板橋 | ４分（巣鴨） | 16分 |
| 三田線・西高島平 | 23分（巣鴨） | 35分 |
| 有楽町線・<br>地下鉄成増 | 15分（池袋） | 36分 |
| JR・板橋 | ４分（池袋） | 24分 |

独自調査

# 板橋区民は働きたいのか！　働けないのか！　働かないのか！

## かなりのビンボー地帯？　足立区と変わらんじゃん!!

区民の収入と治安は切っても切れない関係にある。生活苦は人を荒ませ、時として欲望が良心を凌駕し、道を踏み外させる要因になってしまう。平成不況の時代に突入して持ち上がったのが失業者の急増で、現在の日本ではこれに起因すると思われる犯罪発生件数の増加が各方面から指摘されている。

では生活保護者数や税金滞納率から、23区でもトップクラスの「貧乏人が多い土地」だという事が発覚してしまった板橋区ではどうだろう？　それを確認するために、総務省の平成17年度国勢調査から板橋、新宿、足立の数値を抜き出した。これによると最も完全失業者数が多いのは足立区の2万4083人で、次に板橋区の１万６９２０人、新宿区の９９５３人と続く。うわあ堂々の２位かい！　また同じ平成17年度の東京総務局の労働力人口に関するデータを見てみると、都全体の完全失業者数（15歳以上）は約32万人となっており、これを元に割合を出すと、板橋区には都全体の失業者の内の５・２％が、新宿区には３・１％が、そして足立区には７・５％が集まっている事になる。こうした数値を元にするならば、板橋や足立は職を失った人間があまりに多く、それによって生活保護者の増大や、治安の悪化を招いているという推論が成り立つのではなかろうか？

しかし人数だけでは各区の人口差もあるので、次に東京都全体の人口と区の人口との比率を出し、それと並べて比較してみよう。東京都の総人口を単純に１２８０万人とし、板橋区の人口を53万人、新宿区の人口を31万人、足立区の人口を63万人とする。ここから各区の人口比率を出すと、板橋区は東京都全体の人口の４・１％（失業者５・２％）、新宿区は２・４％（失業者３・１％）、足立区は５・０％（失業者７・５％）となり、どの区も人口比率以上に失業者比率の方が高いという事になる。これは３区が都内でも特に失業者を生み出し

**失業者のデータ**

| | 完全失業者数 | 完全失業率 |
|---|---|---|
| 板橋区 | 16,920 | 6.33% |
| 新宿区 | 9,953 | 6.70% |
| 足立区 | 24,083 | 7.29% |

2005年国勢調査より

やすい状態にある事を示していると言えよう。それを裏付けるのが表にある区の人口と失業者との割合（区ごとの完全失業率）で、都の平均が4・7％なのに対し、板橋区6・33％、新宿区6・70％、足立区7・29％となっている。この数値から板橋区は3区の中では最も職にありつける可能性が高いと言えなくもないのだが、どんぐりの背比べ的な物悲しさが漂うのもまた事実だ。過去に江戸四宿と謳われた板橋宿、内藤新宿、千住宿には、何か抗えない呪いでもかかっているのだろうか？

そういえば板橋区にはパチンコ屋と、そこに一日中入り浸っている人間がとにかく多いのだが、もしかして働きたくても働けないのではなく、自ら望んで働かない、いわゆるニートが多いというオチなんじゃないか？　だって工場みたいに軽作業の手を必要としている場所は山ほどあるのだから、働き口がないという事でもないいんだよなあ……。

# 巨大グループの本拠地が板橋にひしめいている

## かなりのものなのにあまり知られていない？

板橋区は福祉医療の街と言われ、老人になるとわざわざ板橋区に越してくるなんて話を聞いたこともあるが、それと同様に板橋区は物作りの街でもある。意外と大多数の日本人はもとより、板橋区民にも知られていないのだが、かなり多くの巨大グループの本拠地や、年商が桁違いな会社の中核事務所などが板橋区を根城にしているのである。

例えば、誰もが知っている所では、日本で一番最初に純国産カレー粉の生産に成功したヱスビー食品が挙げられる。本社は中央区の日本橋兜町だが、板橋には「本社事務所（スパイスセンター）」と「首都圏・広域チェーンビジネスユニット」「関東第3ビジネスユニット」の3部門が事務所を構えている。

他、有名どころでは、帝京（大学&病院）、やすだグループ（パチンコ屋チェーン）、湖池屋（食品会社）、ヤマヨシ（食品会社）、キャンドゥ（100円ショップ）、ライフ（スーパー）、よしや（スーパー）、東武ストア（スーパー）、BIG－A（激安スーパー）、ペンタックス（カメラ）、凸版印刷（工場）、リンテック（年間売り上げ高1700億円の粘着・接着製品メーカー）、チノー（年間売り上げ170億円以上の計測機器メーカー）、日本電産コパル（カメラのシャッターのシェアが世界一の精密機器メーカー）、共立印刷（一部上場の印刷会社）、オリエンタル酵母工業（イースト菌などの酵母の製造販売。年間売り上げ400億円）、トプコン（旧陸軍に光学兵器を納入していたメーカー）、タニタ（体重計などのヘルス計測器大手メーカー）などなど、枚挙に暇がないのだ。

## 板橋区を支える巨大グループ

これらの大手企業の中でも、特にグループ会社にまでなってしまっているところは、そこを中心に地元商店街の後押しなどもあって、地元民の生活の基盤となっているケースも数多く見られる。代表的なところでは、帝京グループがそれだ。

大学病院があるというのが強いのだろうが、家族代々に渡って、手術などの大病を患った際は帝京大学病院に入院するという方は非常に多い。また、帝京高校・帝京大学はスポーツの名門校。野球やサッカーをはじめ、いくつもの運動部が全国大会の常連である。そのため、甲子園で有名になった選手には街ぐるみで応援が行われるなんていうことが良く起きているのである。

これら以外にも、東武ストア、よしやなどの東武鉄道の沿線上や周辺を中心に展開している大手スーパーも地元商店街に上手く溶け込んでおり、個人商店の価格破壊されている激安食品類などでは一歩引くものの、それ以外の生活必需品を扱うことから、板橋区の主婦の友として欠かすことのできない存在感を放っている。

年商が桁違いな会社といえば、本社を板橋区に置いているリンテック、チノー、オリエンタル酵母工業、湖池屋などがある。これらの関連企業や子会社の数が膨大なため、板橋区の就職率が底上げされている可能性はかなり高い。

中でも、凸版印刷を筆頭とする印刷業は、板橋の重要な産業だ。こうした大企業には、それに付随する中小の下請け企業が衛星のように周囲に点在し、凸版印刷の工場がある志村3丁目を中心に、板橋区内には大小の印刷関連企業がひしめいているのである。

行政区の名前でもあり、その地域が完全に企業を中心に動いている自動車のTOYOTAほどの規模ではないが、地元民が数多く就職する地盤を作っている、これら企業の板橋区に対する功績は計り知れない。

## あまりにハチャメチャな伝説のヱスビー食品

大手グループ会社、大手企業の本社が板橋区を根城にしており、地元民の生活の基盤に多く貢献している。

その中でも群を抜いており、伝説に近い状態にまでなってしまった企業がヱスビー食品である。

創業者である山崎峯次郎氏の超ワンマン経営の成せる技なのだが、もともとヱスビー食品とは日本で初めて純国産カレー粉の製造に成功し、それを販売する会社として発展した企業だ。企業としての沿革はもちろんのこと、創業者である山崎氏の経歴も半端ではない。1936年3月、東京都ソースカレー製造業協会会長を皮切りに、戦時中の1941年6月には全国藩椒製粉工業組合を設立し、統制下の香辛料業界を発展させた人物である。

戦後、物資が極端に不足していた時期には、新たに日本カレー振興会を設立。駐留軍に手持ちの原料の払い下げを折衝するなど、戦後のカレー・香辛料業界の復興にも尽力している。そのほか、1944年5月には全国カレー工業組合聯合会会長、1954年2月に全国カレー工業協同組合連合会理事長などを歴任。

また、1958年4月には、それらの社会事業に対し、紺綬褒章を授賞。1

960年5月には、カレー粉業界の発展に寄与した功績により藍綬褒章を授賞。1966年9月には香辛料とりわけガーリックパウダーの開発の功に対して、紫綬褒章を授賞、1973年11月には50年にわたる香辛料に関するたゆまざる研究が、科学技術の進歩・産業の発展・国民福祉に大いに寄与したとして勲三等旭日中綬章を授賞。1974年11月4日に71歳にて逝去した折には、同日、閣議決定にて従四位に叙せられた。いずれの勲章・褒章も食品業界では当時としては希な受賞であり、まさに戦後を代表する傑物と称せる人物なのである。

あまりにお金がありすぎ、日本の戦後復興に尽力したせいだろうか。国会議事堂は、1936年に竣工したとの記録があるのだが、ヱスビー食品の板橋工場が竣工したのがその前年の1935年。年代的に見ても、確かに近い関係にはあるのだが、何と山崎氏は板橋区の工場(現スパイスセンター)に、国会議事堂に似た建物を建設してしまっている! 国会議事堂似の建物は、ヱスビー食品のカレー粉の缶などに書かれていたので、うろ覚えながら記憶にある方もいるかもしれない。1960年代に取り壊されてしまったが、「板橋の国会議

なんと道の名前までヱスビーになってしまうという地域密着っぷり。これも初代山崎氏の豪腕のなせるワザ

事堂」として、地元民には愛されていた。城や豪邸を建てる成金……もとい、お金持ちは日本に沢山いるが、国会議事堂を建てるとは、やることが半端ではない。他、ヱスビー食品の前を通るからという理由で、目の前にある道路を「ヱスビー通り」にしてしまい、それが認められてしまうなど、やること成すこと普通の企業の枠を大いに逸脱しており、伝説になるほど。

というかこんなに企業がいっぱいあるのに、なんで失業率がメチャメチャ高いのよ⁉

# 板橋区は超巨大な医療テーマパークだった！

## 超巨大病院が板橋区を席巻している

知名度では23区でも文句なしで最低レベルの板橋区だが、たまに「病院が多いところでしょう？」という声を聞く。そう言われてみれば、確かに板橋区にはとんでもなく巨大なモンスター病院がいくつも存在している。

そこで実際に区内にどのような医療施設があるのか詳しく調べてみた。その結果から大規模な施設や、珍しい施設だけを抜き出してみよう。まず、帝京大学病院、日大板橋病院といったメジャーな大病院は、他所から訪れる患者も多いので特に有名だろう。さらに都立豊島病院は規模が大きいというだけではなく、TVドラマ「ナースのお仕事」のロケ地として使われた事があるため、名前を知らなくても外観は見た事があるという人も多いと思われる。三田線沿線に住んでいる人間であれば、最寄りの大病院として板橋中央病院を紹介される場合が多いし、これらに加えて老人医療に特化し、老人ホーム的な設備もある老人医療センターや、障害者のための専門施設や学校まで存在しており、板橋区全体が巨大な医療タウンと化しているのである。これだけ高いレベルの医療施設が集まっている地域は、全国的に見てみても極めて稀だといえる。板橋区はいっそ「医療テーマパーク」なんて肩書きを名乗ってもいいのではないだろうか？

## ベッド待ちなんか必要ありません！

次にこうした施設の分布だが、大山と中板橋の中間にあたる栄町、大山の川越街道を隔てた西にある大谷口、仲宿の少し東にある加賀と、なぜか南東部の巨大商店街の周囲に申し合わせたかのように巨大病院が存在している。また板橋区北東部の小豆沢や、南西部の小茂根、高島平や成増といった北西部にも病院が集中しており、区内全域に渡って砦のように大病院が配置されている。こうした大病院の立地条件を考えてみると、いくつかの共通点に気付く。

まずひとつに周囲が静かであるという点で、商店街や国道に程近い立地であっても、少し奥まった場所にあったり、周囲に公園のように緑が植えてあるといった立地になっており、喧騒とは無縁の療養に最適な空間となっている。次にそれなりに交通の便が良いという共通項もあり、いくら周囲が静かでも、最寄り駅まで徒歩30分というような陸の孤島ではない。こうした条件をまとめてみると、板橋区では住宅地に最適な場所に広大な敷地面積の大病院が居座っているという事になる。商店街から近い閑静な場所で交通面にも恵まれた土地って、普通は高級住宅地になるんじゃない?

板橋区は東京23区の二次保健医療圏という7つに区分けされた中で、区西北部医療圏に属する。この区西北部医療圏は、豊島区、練馬区、北区、板橋区の4区で構成され、病院数が102カ所で病床数は1万7935床と、二次保健医療圏中で断トツのトップとなっている。しかし不思議な事に、板橋以外の3区は決して少ない数字ではないものの、総じて平均を少し上回る程度なのだ。

では肝心の板橋区はどのような状況かというと、病院が38カ所で病床数が９８５２床と、病院数で区西北部医療圏全体の約４割、病床数ならば５割以上を占めている計算になる。次にこれを23区全体の数字と比較してみると、東京23区の病院総数が４４１カ所、病床総数が８１６６３床なので、板橋区には病院数の約９％、病床数では約12％が集中している事になる。こうした数字から考えるに、先ほど区西北部医療圏に病院が集中していると言ったが、その発言には間違いがあったと言わざるを得ない。単に板橋区に病院が集中し過ぎているだけだったのだ。

この驚愕の数字を他の区と比べてみると、板橋区民が医療面でいかに優遇されているのかひと目でわかる。例えば病院数が23区内で唯一板橋区を上回る足立区と比較すると、区民１人当たりの病床数でとんでもない差が出る。板橋区の人口を単純に53万人、そして足立区の人口を同じく単純計算で63万人とすると板橋区では病床ひとつにつき区民54人、足立区は１１１人という割り当てになり、実に倍以上の開きが出てしまうのだ。これは「板橋区民で嬉しいね！」というよりも、むしろ１１１人がひとつのベッドを奪い合う足立区民が心配になってしまう。これだけ病床数が多ければ、巷で問題視されているような、ベッドの空き待ちが酷くて重病なのに入院できないという事態には陥り難い。やっと板橋区に明るい光が見えて来た！

## 特殊な病気も大丈夫！　レアな専門医も多数在籍!!

子供の頃から「板橋区って病院が多いな～」などとぼんやり思ってはいたが、実際に調べてみると何とも驚くべき数字が出てしまった。まさか23区の総数の1割が集中する病院過密地帯だったとは……。しかもただ多いというだけでなく、板橋区の病院はやたらと質も高い。ひとつ例を挙げると、医療機関の機能別区分のひとつに特定機能病院という区分があるのだが、これは簡単に説明すると高度な医療を提供できるとか、高度な医療技術の研究開発を行えるとか、医療研修の場として用いられるといった、要するに「高度な先端医療を持った病院ですよ」という事である。板橋区には帝京大学病院に日大板橋病院と、この特定機能病院が2カ所もあるのだ。

ちなみに特定機能病院は23区内に12カ所、東京都全体で13カ所、関東地方全域で24カ所しかなく、日本全国で見ても82カ所しかない。なんで北海道から沖縄まで合わせても82カ所しかない物が、板橋区だけに2カ所もあるんだろうか？　これはもう恐るべし板橋区というしかない。しかも板橋区が凄いのはそれだけでなく、精神科から老人医療から巻き爪の治療に若返り美容まで、ありとあらゆる専門医がいてくれるのだ。さらに障害者のための施設も豊富で、中でも小茂根の心身障害児総合医療療育センターの敷地内にある、筑波大学付属桐ヶ丘特別支援学校は、国内で唯一の肢体に不自由を抱えた児童を対象にした特別支援学校である。大気汚染など環境面での不安が常に囁かれる板橋区だが、その代わり医療や弱者救済に関する施設だけは、このように何から何まで揃っているのだ。一番大事な予防より、後手に回る治療に重きを置いているといえなくもない点は不安材料だが、それにしたってないよりはあった方がいいに決まっている。

## せっかくあっても板橋区民はかかれない！

と、このまま「板橋区の医療レベルは都内でトップ！」と美しく終わりたいところだが、残念ながらとんでもなく大きな汚点を発見してしまった。福祉に関する項目でも触れているが、板橋区は国民健康保険の資格証明書の発行件数が5000件以上と、23区で圧倒的1位なのである。しかも生活保護者数も長年トップ3を堅守という、極端に貧乏人の多い区でもある。せっかくこれだけ素晴らしい病院が数多くあるというのに、保険料の支払いが滞るような貧民層にとっては高嶺の花なのだ……。

これでいいのか板橋区！

帝京大学医学部付属病院
数種類の人間ドックなどもある総合病院

日本大学医学部付属板橋病院
大谷口にある東洋医学科まで備えた総合病院

都立豊島病院
栄町にある板橋区を代表する総合病院

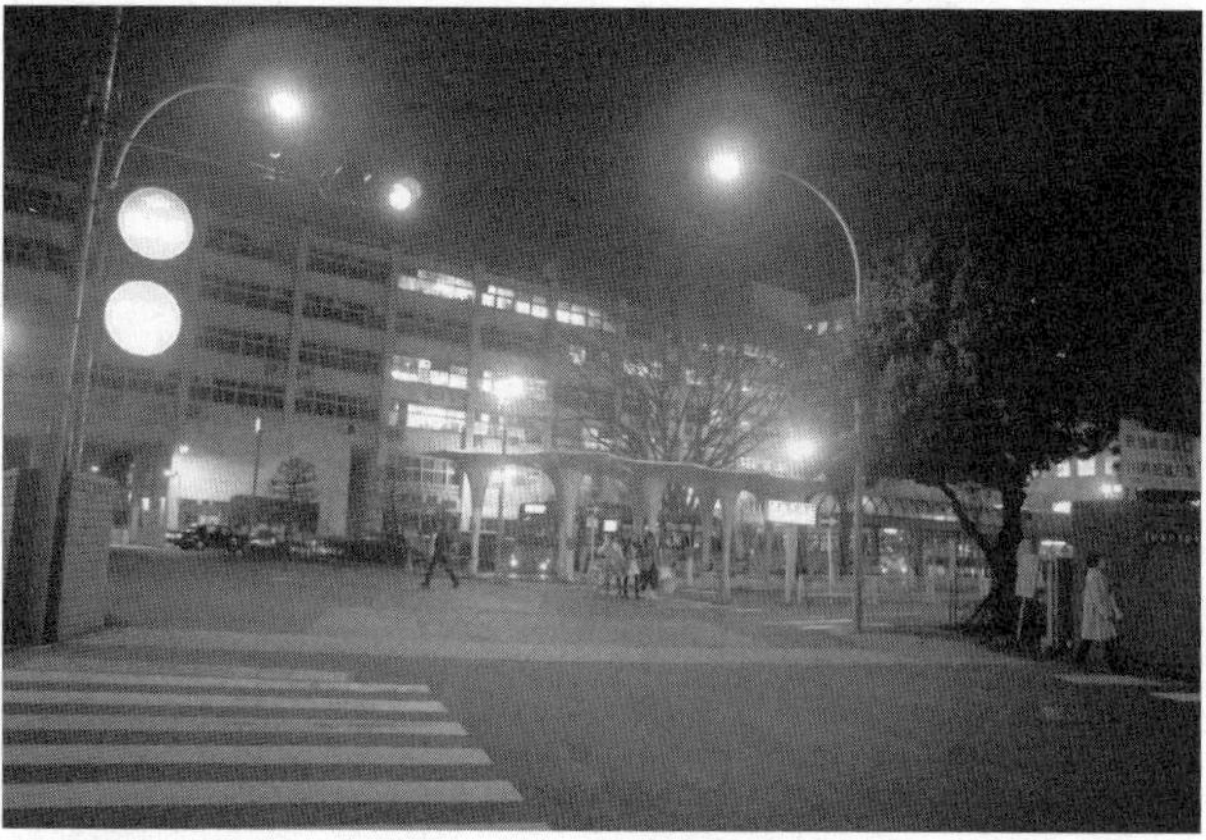

東京都老人医療センター
老人医療に特化した総合老人医療機関(旧養育院)

## 病院・病床数データ

| | 病床数 | 病院数 |
|---|---|---|
| 板橋区 | 9,838 | 41 |
| 足立区 | 6,351 | 51 |
| 新宿区 | 6,304 | 16 |
| 世田谷区 | 5,726 | 26 |
| 文京区 | 5,346 | 11 |
| 大田区 | 5,094 | 29 |
| 港区 | 4,014 | 15 |
| 練馬区 | 3,263 | 19 |
| 渋谷区 | 2,890 | 16 |
| 品川区 | 2,868 | 13 |
| 江戸川区 | 2,768 | 23 |
| 江東区 | 2,731 | 17 |
| 墨田区 | 2,536 | 14 |
| 葛飾区 | 2,470 | 20 |
| 目黒区 | 2,462 | 9 |
| 北区 | 2,433 | 21 |
| 千代田区 | 2,302 | 15 |
| 杉並区 | 2,301 | 17 |
| 中野区 | 1,999 | 10 |
| 豊島区 | 1,714 | 15 |
| 荒川区 | 1,543 | 14 |
| 中央区 | 1,219 | 4 |
| 台東区 | 1,079 | 8 |

「東京都の医療施設」（2013）より作成

# 板橋区では巨大病院が城！商店街は城下町！

## なんなんだこの町医者の多さは！

せっかくの医療施設が「貧乏人には高嶺の花」だという大問題を抱え、全く弱者救済になっていないという壮絶な裏事情が明るみになってしまったが、板橋区には都内でも最高水準の医療が集まっている事だけは動かぬ事実である。

そんな板橋で生活していると、たまに「あれ？」と思わされる光景が目に付く。例えば地元の商店街を歩いている際に、何だか妙に薬局やクリニックが目に付くと思った事はないだろうか？ 試しに不動通りから本町まで続く旧下板橋宿の商店街群を実際に歩いてみたのだが、直線2キロの間にコンビニやATMは一軒もないクセに、クリニックだけはゴチャゴチャとある。このあまりのバランスの悪さが気にかかり、旧下板橋宿からほど近い大山の商店街も確認してみたところ、大山の商店街には「こんなに必要ある？」と思うほど多くの薬局があり、路地には必ず何らかの町医者が存在していた。医療関連の店舗や施設は、基本的に人通りの多い商店街周辺に集中しているようで、そうした商店街の近くには帝京大学病院、豊島病院、日大板橋病院といったモンスター病院が鎮座している。このような規模の大きい病院は、基本的に紹介状がないと診察してもらえないので、まずは近所のクリニックに行って紹介状を書いてもらう必要がある。そして薬をもらうには処方箋薬局に行かねばならず、そのため巨大病院を中心として、その周囲に医療関係の施設が建ち並ぶ事になったのだろう。この両者は、例えるならばまるでお城とそれを守る砦のような関係性にあるといえる。石神井川や荒川がお堀で、大病院を本丸とすると、周囲にある商店街はさしずめ城下町であろうか？

## 病院の位置関係がなんだか怪しげ……

さらにうがった見方をすると、帝京、豊島、日大、老人医療センターの4カ所は、板橋区の南東部とそれ以外の地域を隔離するかのように存在しており、関所のような位置関係にある。さらに小豆沢周辺は板橋区の鬼門にあたり、武蔵野病院や心身障害児総合医療療育センターのある小茂根は裏鬼門に位置している。このような配置を考えると、板橋区は巨大病院や医療施設によって、結界の中に閉じこめられているかのように思えてならないのだ！　と、無理に仰々しくオカルトチックに語ってみたが、板橋区内のどこに住んでいても最寄りの大病院が存在するのだから、「結界のようだ」という表現はあながち大袈裟でもない。この結界の内側で、最先端の医療技術を持った研究者達が、日夜医療の進歩のために力を尽くしているのである。

このようなオカルト臭い話ばかりでは本書の信憑性が疑われるので、コンセプト通りに「数字」から板橋という病院城下町を見て行こう。

まず表の説明からだが、これは区内にある診療所や薬局の数と、従業者（薬

## 医療施設（診療所）のデータ

| | 一般診療所 | 歯科診療所 |
|---|---|---|
| 板橋区 | 388 | 349 |
| 新宿区 | 587 | 431 |
| 足立区 | 409 | 384 |

「東京都の医療施設」（2013）より作成

## 薬局・薬店数データ

| | 薬局 | 薬店 |
|---|---|---|
| 板橋区 | 295 | 36 |
| 新宿区 | 267 | 54 |
| 足立区 | 361 | 64 |

iタウンページより作成

## 従業地別の薬剤師数

| | 薬局 | 病院・診療所 |
|---|---|---|
| 板橋区 | 824 | 367 |
| 新宿区 | 851 | 422 |
| 足立区 | 823 | 162 |

東京都福祉保健局「医師・歯科医師・薬剤師調査」（平成23年10月実施）より作成

剤師など）の人数を表にしたものである。この数値を見てみると、板橋区は思ったほど診療所の数が多くないように思うだろう。しかしこれには近くに必ず大規模な病院が配置されているため、小さな診療所ばかりあっても、あまり需要が生じないからという理由がある。

だが視点を変えて「建物の数」ではなく「従業者の人数」で見てみると、なぜか急に板橋区の数値が増大するのだ。逆に足立など薬局・薬店や診療所数では板橋よりも多いというのに、従業者の人数では板橋の6割弱しかいない。ここから何がわかるかというと、板橋には充分な人数の医師や薬剤師がおり、それと比較して足立では深刻な人手不足に陥っているという事なのである。

## オリジナリティ炸裂の板橋区医療事情

さて、続いては板橋区内にある一般病院と一般診療所の診療科目数を、新宿と足立と比較して一覧にしたデータを見ていただこう。これを見ると内科や外科といった基本的な科目が多いのだが、これは人口比からすると当然の結果な

巨大病院だけでなく、中小規模の一般病院やクリニックも多数。板橋区は医者で満ち溢れているのだ

ので特筆すべき点はあまりない。しかし精神科と心療内科数では、圧倒的大差で新宿、足立を突き放しており、一気にオリジナリティが爆発する。

ここで、先に触れた板橋区内で発生した犯罪に関する考察を思い出してほしい。板橋区には「精神的に追いつめられているとしか思えない大人が多い」といったはずだが、それがまさに病院の科目数として現れてしまっているのである。やっぱり板橋区には疲れ果てた人間が多いのだろうか……。

さて、またしてもネガティブな流れになってしまったので話を変えるが、整形外科や形成美容外科の多さも際立っている。この数値から何が浮かび上がってくるのかというと、板橋区には容姿に納得のいかない区民が多く、積極的に改造手術を受けているとか、また容姿の悩みが増大する余り、最初は美容外科に通っていたはずが、いつしか区内にたくさんある精神科に通うようになってしまうとか…。ああもう駄目だ！ この話は止めよう！　私にとっても板橋区民にとってもこの話題はこの辺で終わらせた方がいい！

という訳で、諸事情により話題を一般診療所の診療科目数に変えさせていただこう。板橋区には大病院が多すぎるためか、診療所の科目数に限ると実は予想以上に少ない。少ないというと不足しているかのようだが、正確にいうと必要がないのだろう。だがしかし、土地柄なのかアレルギー科・耳鼻咽喉科・気管食道科といった、大気汚染問題に直結するかのような科目は新宿、足立と比較して遥かに多く、区の抱える問題がいかに大きいか、まざまざと思い知らされてしまう。

やはりここでも、数字は残酷なまでに真実を浮かび上がらせてしまうのだ。

# 出前迅速！　救急・消防は最高の職人が結集していた！

## 全国大会ではトップランク！

医療と同様に区民の生命に直結する問題として、火災の多いイメージが付きまとう板橋区の消防について見てみよう。

まず火災の発生件数は、比較している3区の中では板橋区が最も低い数字となっている。しかし23区全体の順位で見てみると、まず足立区が常にトップ独走でぶっちぎりの1位、新宿区が5位、そして板橋区は7位となっており、総じて都の平均を悪い方向に上回ってしまう。旧江戸四宿はとにかくよく燃える（燃やされる）地域だという事なのだろう。

しかし同じく火災の損害額を比較すると、何か面白い事に気付かないだろうか？　そう、発生件数では常に上位にランクインしてしまう板橋区なのに、火災による損害がやけに少ないのである。例として新宿区は発生件数も損害額も23位中5位で、足立区は発生件数が1位で損害額は3位と大きな差はなく、これらと比較すると板橋区の発生件数は7位なのに損害額では13位という数値は明らかにおかしい。ここまでの流れで極端なマイナス志向になっていたためか、この頻繁に燃えるのに被害が少ないという点について、当初はそれだけ板橋区民が貧乏で、燃やされてもどうって事ない場所ばかりなのだろうと思っていたのだが、深く調べてみるとそれは大間違いだという事がわかった。純粋に板橋の消防隊員のスキルがずば抜けて高レベルというだけの事だったのだ！　これに気付いたきっかけは、志村消防署のＷｅｂサイトにある「平成19年中、火災による死者ゼロ。開署以来、最も少ない焼損床面積となる」という記述である。志村消防署は管轄区域が広く、23区内にある58署の中で8番目に出動件数の多い大忙しの消防署なのにもかかわらず実績を残したのだからお見事である。火災発生件数では平成15年から18年までの平均値が約１５０件と、平成19年の１４８件と比べて大差はないが、しかし年間の火災による負傷者を見てみると、過去5年間の平均30人に対し平成19年は19人、火災による死者は平均が5人なのに去年はゼロと激減しているのだ。さらに焼損床面積でも平均1216平方メートルだったものが359平方メートルと、あらゆる面で被害を最小限に食い止めているのである。

さらに志村消防署だけではなく板橋消防署も職人揃いで、平成19年に行われた第36回全国消防救助技術大会において関東代表として出場し、1分13秒6というタイムで全国制覇を成し遂げたのだ。この大会での標準タイムは2分30秒なので、板橋消防署は日本全国の平均的な消防隊員の、実に2倍以上のスピードと正確さを持ち合わせている事になる。精神的に追い詰められた人々が方々に火をかけて回る板橋区だが、このような名人芸を身に付けた選りすぐりの消防隊員達が、命がけで区民の安全を守っていたのだ。常盤台交番のお巡りさんの英雄的な活躍で有名になった板橋だが、消防にも日本一の勇者が揃っていたのである！

## 消防署別救助活動状況

| | 災害出場件数 | 救助人員 | 出場車両 |
|---|---|---|---|
| 板橋区 | 873 | 740 | 2776 |
| 板橋署 | 413 | 365 | 1,233 |
| 志村署 | 460 | 375 | 1,543 |
| 新宿区 | 782 | 600 | 2506 |
| 四谷署 | 176 | 147 | 524 |
| 牛込署 | 161 | 140 | 503 |
| 新宿署 | 445 | 313 | 1,479 |
| 足立区 | 1036 | 924 | 3475 |
| 千住署 | 191 | 166 | 735 |
| 足立署 | 529 | 487 | 1,736 |
| 西新井署 | 316 | 271 | 1,004 |

第67回東京消防庁統計書（平成26年）より作成

## 火災の発生状況

| | 発生件数 | 損害額（円） |
|---|---|---|
| 板橋区 | 181（9位） | 154,890,755（8位） |
| 新宿区 | 249（2位） | 133,884,611（9位） |
| 足立区 | 272（1位） | 242,280,407（5位） |

東京消防庁 平成27年版 火災の実態より作成

# 医療は充実しているのに全くその成果が出ていない？

## 板橋区民の健康状態はかなりフツーだった

板橋区は胸を張って自慢できる優秀なお巡りさんや消防隊員によって守られている事がわかり、この本もやっと前向きな流れになってきたと、筆者自身が大変喜ばしく思う。このまま我が町板橋を大々的に自慢してやるために、お次は区民の健康面を見てみよう。これだけ医療の専門家が揃った至れり尽くせりの板橋区なのだから、区民は病気知らずで日本一健康に恵まれていてもおかしくないはずだ！

……と意気込んでみたのはいいのだが、調べを進めるほどに雲行きが怪しくなってしまった。板橋区という都内で最も大病院が多く、現代医学の最先端技術が結集した土地に住んでいるのだから、余程の事がない限り早死にしたり、大病を患ったりするケースは稀なはずである。

しかし区の統計データにある年齢別の人口分布を見てみたところ、東京都の平均と比較して目立った差がないという、何とも困った事実が発覚してしまったのだ。医療テーマパーク板橋区の名に恥じない成果を探し求めていたのに、何を調べても「こんなところで板橋区の地味さをアピールしなくてもいいのに！」というような、頭の痛い数字しか出て来ないとは、一体どういう事なのだろうか？

## 医療が充実しているのにあんまり長生きしていない

板橋区と東京都の年齢別の人口分布を比較してみると、これを見れば板橋区民の年齢分布が、都の平均値とほとんど同じという結果になっていた。平均値なら普通でいいじゃないかと言われるかもしれないが、身近にこれほどの医療施設が揃っている板橋区なのに、寿命が平均値というのは納得がいかない。明らかに大きな利点があるのに結果が平均値という事は、どこかに全てを帳消しにするほどの欠点があるという事ではないか？

板橋区のどのような問題が作用して「プラスマイナスゼロで相殺」という結論になってしまっているのかを突き止めるために、差がないとわかっていても、とりあえず年齢分布状況を詳しく見てみよう。すると男性は50代半ばから60代半ばまでであれば辛うじて都の平均人口を上回っており、女性は50代半ばから70代までの人口がわずかに多い。しかしこれをもって老人医療の成果が出ているとするのは早計で、忘れてはならないのが「板橋区はそもそも都の平均より人口が多い」という事実だ。それを加味すると、この程度の差は残念ながら誤差とみなすしかなく、医療の成果が出ているとは言い難いのである。何だか徹底的に救われない展開に陥ってきているような気がするのだが、めげずにさらに細かく考察するため、続いて区民の死因について見てみよう。東京都の福祉保健局総務部企画課と、板橋区の健康生きがい部健康推進課が公表している平成17年度のデータをまとめ、東京都の平均と比較してみよう。

## なんだか死因データが不穏な感じですけど……

　これを見てみると、板橋区民の死因の3割以上が悪性新生物（いわゆる癌）によるもので、以下心疾患、脳血管疾患と続く。これは都平均と代わらぬ並びだが、癌と脳血管疾患による死者の割合がそれぞれ31・35％（都平均31・50％）に、10・98％（都平均11・95％）と僅かに低いものの、心疾患については15・83％（都平均15・62％）で、都の平均値を上回ってしまっている。試しに死因の割合が都平均を超える項目を羅列してみると、先ほど挙げた心疾患以外に自殺2・94％（都平均2・85％）老衰2・25％（都平均2・01％）肝疾患2・20％（都平均1・99％）腎不全1・99％（都平均1・70％）血管（動脈）障害1・23％（都平均1・13％）高血圧性疾患0・53％（都平均0・41％）ぜんそく0・36％（都平均0・31％）その他の全死因15・80％（都平均15・01％）となっており、老衰で死ねる人が平均値より僅かばかり多い点を取り上げて「医療の成果が出ている！」といえなくもないが、それはさすがに判官びいきが過ぎるだろう。客観的に見てみると、何だか全体的に「病気の博覧会状態」になってしまっているように見受けられるのだ。この中でぜんそくで死亡するケースに関しては、それだけ板橋区の空気が汚いという事で納得できるとして、肝不全や腎不全といった内臓を壊す例と、高血圧や血管障害は何に起因しているのだろうか？

## 飲みすぎ食べすぎで自滅する板橋区民

まず真っ先に頭に浮かぶのは、過度の飲酒や日常の食生活の乱れである。よって次に板橋区民の食生活と飲酒事情を探るため、ＢＭＩ25以上の肥満者の割合と、区民の飲酒頻度について調べてみた。

この結果によると、平成14年から平成18年までの間にどの年齢層も満遍なくデブ化している事になる。これを区の統計データを元にして実数に直すと、現在の板橋区には15歳以上の人間が45万２８１８人住んでいるのだから、実に８万２４１３人ものデブが集結している計算になってしまう。東京ドーム２杯分のデブとでも表現しておこうか。中でも特に目立って肥満化が目立つのは15歳

～24歳の若い世代で、4年間で4・1％も肥満の割合が増えており、該当する世代の人口が5万3389人であるから、5072人もの若者が文句なしのデブなのだ。これは会場が後楽園ホールだったら3回に分けないと入り切れない人数である。3章で「板橋区は食生活が豊かだ！」というような文章を書いたが、そのツケがこんな形で現れてしまっていたとは……。何かひとつ良い事があると、必ず相殺するような悪い話が出てくる板橋区。せっかく格安のお値段で美味しいご飯が食べられるというのに、それが大勢のデブと内臓を壊す区民を生み出す結果にしかなっていないとは嘆かわしい。私はこれを「板橋区プラマイゼロの公式」と呼びたい！

話が脱線したので考察に戻るが、肥満度に続いて飲酒事情を見てみよう。するとやっぱり平成14年から18年までの間に、ほぼ毎日酒を飲むという人間が着実に増加しているのである。25～44歳の世代の4年間での増加率は1・4％で、45～65歳では4・7％と、より身体に気を使わねばならないはずの高齢者になるほど、飲兵衛増加率が高い計算になってしまう。これを実数に直すと、板橋区では16万7433人いる25～44歳までの人間の内の3万7338人が、そし

**肥満者（BMI25 以上）の割合**

| | 平成 14 年 | 平成 18 年 |
|---|---|---|
| 15 ～ 24 歳 | 5.4% | 9.5% |
| 25 ～ 44 歳 | 14.0% | 15.8% |
| 45 ～ 64 歳 | 22.1% | 23.8% |
| 65 歳以上 | 22.1% | 23.6% |
| 全体 | 15.9% | 18.2% |

**健康アンケートより「ほぼ毎日飲酒する」と答えた人の割合**

| | 平成 14 年 | 平成 18 年 |
|---|---|---|
| 25 ～ 44 歳 | 20.90% | 22.30% |
| 45 ～ 64 歳 | 27.80% | 32.50% |

板橋区健康生きがい部「健康づくり 21 計画中間報告書」

て13万4533人いる45～64歳世代の4万3723人が、毎日のように酒を飲んで過ごしている事がわかる。区内に8万人以上も極度の飲兵衛がいるのだから、これなら板橋駅や大山駅周辺の飲み屋街が繁盛するのも当然だ。これほど医療の充実している板橋区なのに、区民の平均寿命があまり長くない最たる理由は、何と「自業自得」だったのである。それもこれも、毎日飲み歩いてもそれほど金がかからない「板橋価格」が招いた悲劇なのだ。やっぱりここでも「プラマイゼロの公式」が発動するのか！

## 主要死因別死亡者数の割合

| 主要死因 | 板橋区 | 都平均 |
|---|---|---|
| 悪性新生物 | 31.35% | 31.50% |
| 心疾患 | 15.83% | 15.62% |
| 脳血管疾患 | 10.98% | 11.95% |
| 肺炎 | 9.27% | 9.71% |
| 自殺 | 2.94% | 2.85% |
| 不慮の事故 | 2.63% | 2.78% |
| 老衰 | 2.25% | 2.01% |
| 肝疾患 | 2.20% | 1.99% |
| 腎不全 | 1.99% | 1.70% |
| 糖尿病 | 1.33% | 1.35% |
| 大動脈瘤及び解離 | 1.23% | 1.13% |
| 慢性閉塞性肺疾患 | 1.10% | 1.39% |
| 高血圧性疾患 | 0.54% | 0.41% |
| 喘息 | 0.36% | 0.31% |
| 結核 | 0.23% | 0.30% |
| その他の全死因 | 15.80% | 15.01% |

板橋区健康生きがい部健康推進課

東京都福祉保健局総務部企画課（共に平成 17 年）

# 育児も福祉も全て帳消し板橋区を覆う「プラマイゼロ」の公式

## 「資格証明書」っていったいなに？

随分と「生活しやすい板橋区」というイメージになってきたが、それでは育児や福祉の面ではどうだろう？

まずはお母さん達にとって切実な問題であろう幼稚園に関するデータを集めてみたのだが、私立幼稚園の数では板橋37、新宿11、足立54とそれなりの数字なのに対して、区立幼稚園となると板橋2、新宿28、足立3と、明らかに数が少なすぎる事に気付いてしまった。そこで23区全ての区立幼稚園数を調べ上げ、就園率と児童1000人あたりの区立幼稚園数を計算してみる事にしたのだが、その結果を見てみると、平成19年度の待機児童数は188人で23区中ワースト

7位（新宿26人21位、足立213人6位）となっており、とてもじゃないが幼稚園が足りているとは言えない状況だったのだ。就園率で見てみると、子供を区立幼稚園に通わせられるのは全体の2・27％に過ぎず、それにあぶれてしまった家庭は少し高くつくのを覚悟で私立に通わせるしかない。せっかく物価が安くて暮らしやすい板橋区なのに、こんな所で家計を圧迫してしまうのだ。だが幼稚園ではなく区立保育園で見てみると、板橋45、新宿26、足立60と比較的多い数字となっており、板橋にしろ足立にしろ、貧乏人が多い区は共働きの家庭が多いのかなと、よからぬ妄想を働かせてしまう。せっかく「育児も楽だぞ板橋区！」と声高に叫ぼうと思っていたのに、始めの一歩で見事につまずいてしまった!!

このままではまたも雲行きが怪しくなってしまいそうなので、気を取り直して医療福祉について調べてみたのだが、そこでまたしてもとんでもない恥部が明らかになってしまったのである！

「資格証明書発行数が孤高のトップ」

この資格証明書とは、別にもらって嬉しい特権などではなく、簡単に説明すると「お前保険料払ってないから医療費10割負担しな」という悪魔の通知である。昨今問題となっている、滞納が続いたために保険証を取り上げられてしまうというアレだ。板橋区は老人医療や介護医療などに特に力を入れており、弱者に優しい土地だと思っていたのだが、それはどうやら誤解だったようだ。板橋区は23区でも有数の貧乏人が集まる地域だというのに、この仕打ちはないんじゃないのか？　あの足立区でさえ１３５件しか発行しておらず、新宿区はさらに少ない１３２件である。にもかかわらず板橋区５０９８件って、桁が違うどころか両区を足した数字の約20倍ってどういう事だ⁉（ちなみにこれでも随分減った方で、最大で６３２２件も発行していた）

これだけ凄い病院が山ほどある板橋区なのに、金がない区民は使うなという事か？　これではプラマイゼロどころか大マイナスじゃないか！「板橋区では弱者から死んで行く」なんて最悪の言葉を書かざるを得なくなっちゃったよ！

# 被保険者資格証明書交付世帯数

| | 交付世帯数 | 交付率(全世帯比) |
|---|---|---|
| 板橋区 | 5,098 | 1.97% |
| 練馬区 | 3,767 | 1.17% |
| 豊島区 | 2,941 | 2.09% |
| 中野区 | 2,237 | 1.29% |
| 台東区 | 1,589 | 1.82% |
| 葛飾区 | 1,122 | 0.57% |
| 文京区 | 1,102 | 1.12% |
| 荒川区 | 1,062 | 1.19% |
| 江東区 | 743 | 0.36% |
| 大田区 | 663 | 0.20% |
| 杉並区 | 625 | 0.22% |
| 港区 | 598 | 0.55% |
| 中央区 | 334 | 0.56% |
| 目黒区 | 311 | 0.22% |
| 江戸川区 | 266 | 0.09% |
| 世田谷区 | 148 | 0.03% |
| 品川区 | 146 | 0.08% |
| 足立区 | 135 | 0.05% |
| 新宿区 | 132 | 0.08% |
| 墨田区 | 118 | 0.10% |
| 千代田区 | 103 | 0.42% |
| 北区 | 34 | 0.02% |
| 渋谷区 | 18 | 0.02% |

厚生労働省調べ(平成19年6月時点)

# 区民の憩いの場数だけは合格だがその内実はというと

## 充実の公園はかなりの危険地帯!?

板橋区には公園などの施設がかなり充実している。試しに公園を見てみよう。板橋区内にある公園で大きいなものは、魚釣りも楽しめる見次公園(志村坂上)、ジョギングコースなどもある平和公園（上板橋)、電車の車両などが展示されている交通公園(大山)などなど、主なものだけでなかなか魅力的なものがある。他にも、滝や水車小屋、茶室などのある水車公園（下赤塚）に、見所はチョウやタガメくらいしかいない昆虫公園（東武練馬）などという変わった公園も存在し、住宅地にポツンとある小さな児童公園まで含めると、区内におよそ90カ所！　住宅地が数多い板橋区としてはほぼ一駅に3つ以上は公園が存在し、街の規模から見てもまずまずの数だ。

このように魅力的な公園が点在している板橋区。しかし公園の近くに住む区民に「どのように公園を利用していますか？」と独自にアンケートを取ってみたところ、最も多い回答は「不良がいるから危なくて子供なんか行かせられない」だった。この理由を調べてみた結果、板橋区の公園は地元の悪ガキがたむろする治外法権的な空間になってしまっている事が発覚したのである。例えばニュースとして報じられた事件をいくつか紹介してみよう。

「おれ達チョイ悪！少年グループが公園管理棟の瓦投げ逮捕」

これは坂下にある城北交通公園で、公園の管理棟の屋根瓦をはがして投げて遊んでいたガキ共が、建造物損壊などの疑いで逮捕されたというもの。犯人は高校1年の男子生徒ら少年3人で、このガキ共は「凄く悪い事はできないけどチョイ悪ならできる」「高い所に登るのが好きだった」「将来はトビ職になりたい」などという寝言を口にしており、そのあまりの幼稚さには戦慄すら覚える。

「タバコ泥棒の高校生7人を逮捕」

こちらもまた頭の痛い事件で、舞台となったのは桜川にある城北中央公園である。このガキ共は公園内の売店のシャッターを壊して侵入し、タバコ435箱を盗んで仲間で山分けしたという。窃盗と建造物侵入の疑いで逮捕されたのは板橋区の都立高校生７人で、こいつらは仲間達がひとりまたひとりと逮捕されていく過程で恐ろしくなったらしく、必死に「弁償するから被害届けを取り下げてほしい」と訴え出たものの、見事に無視されあえなく全員御用となった。これは「甘ったれるなクソガキ！」という世間様の答えである。

板橋区にはこんなに幼稚なガキが徘徊しているから、肝心の小さい子供や親子連れが遊べない、存在意義のわからない公園になってしまっているのだ。

せっかくの公共施設を民度の低さのせいで台無しにするとは、これもまた板橋区の抱える大問題のひとつである。

板橋区には、朝のジョギングをライフワークとする健康オタクが求める巨大公園から、夜に人目もはばからず日本刀素振りするレアな人が求める公園まで、実に憩いの場として広く開放されているのである。

## その他施設も充実！　してるんだけどねえ

公園だけでなく、区内の施設も充実している。図書館は区内に12ヵ所、体育施設は24ヵ所、福祉施設は41ヵ所、集会施設に至っては、何と１０１ヵ所！福祉施設と集会施設の数が多いのは、ご年配の方が多い板橋区ならではといったところなのだろうか。児童施設の１８３ヵ所というのも、23区内では多い方に属する。

教育施設も多い。ただ、ここまで施設が数多いと、何の為に作られたかがわからなかったり、本来の目的から離れてしまっているような施設もないわけではない。

高島平にある熱帯植物館などは、区としては環境問題に対する区民の意識の啓発を目的にしているらしいのだが、「なぜ板橋で熱帯植物を題材にした施設の運営などをやらなくてはいけないのか」、「税金の無駄遣いでは」という区民からの疑問の声が多数。

人と環境が共生する街を目指し、環境学習の場の提供や新技術の普及啓発を目的に設立された、板橋区立エコポリスセンター（常盤台）という施設がある。ここに至っては、もう目的と実体が混沌の渦にまきこまれまくり。施設の地下1階には地震体験のようなアトラクションがあり、他にはクレーンゲームとか……。さすが、環境問題には非常に強い取り組みの姿勢を見せる板橋区ならではの金の使い方、なのか？　環境問題への取り組みをアピールする板橋区。クレーンゲーム入れる税金あるなら、環七通りに一本でも多く植樹しろと思うところである。

また、この建物内には「前野いこいの家」という福祉施設があり、老人たちのカラオケや宴会の会場と化している。週末に子供たちが集まってエコポリスセンターで環境問題を勉強しようとしても、同じ建物内にあるので、老人のカラオケが大音量で鳴り響くという、まさに老人福祉の街の面目躍如といったところのカオスな状況。環境対策に熱心なんじゃなかったのかよ！

# いいところもあるんですよ！

最近では都心でも温泉に入れる施設が増えてきているが、我らが板橋区にも温泉施設が3カ所ある。その中で宮本町にあるスパディオ（板橋本町駅から徒歩8分）と前野町にあるさやの湯処（志村坂上駅から徒歩10分）は、施設の充実した今どきのスパ施設で、平日の昼間でも地元のオバ様達で賑わっている。

これらは1日ぐったりできる便利な場所なのだが、逆にどこにでもあるとも言えるためインパクトは弱い。それにスパディオは利用料金が2千円と板橋区のくせに高すぎるし、さやの湯処は混み過ぎてて落ち着けない。そこで一躍脚光を浴びるのが中台のときわ健康温泉である。ここは外観が町の銭湯そのまんまで、パっと見ただけでは古臭くて地味で全く期待できない。板橋区は23区でも特に銭湯が多く残っている地域（23区中5位）なので、ここがれっきとした温泉だと気付かない地元民もいるほどだ。

しかし、ときわ健康温泉は入浴料430円と公衆浴場並の料金設定で、カランの湯まで源泉を使っているという、かなりユーザーフレンドリーな温泉なのである。というのも、ここは最初から温泉施設として建てられたわけではなく、元々は普通の町の銭湯だったのだ。それがある時ご主人がお湯の成分を検査してもらったところ「メタ珪酸が基準値をクリアしてるよ」と言われ、だったら温泉を名乗っちゃえと、せっかくだから温泉になったという経緯がある。この銭湯のご主人は客に対して「温泉の成分とかよくわからない」と言ってのける剛の者で、この板橋区らしいユルさも大きな魅力だ。住宅地なので電柱と空しか見えないという難点があるものの、しっかり露天風呂もあり、毎日でも気軽に通える温泉なのである。温泉という肩書きになっても妙な値上げはせず、いつまでも安くてユルユルという、これぞ板橋区を象徴する温泉だと断言する。公園は危険でも、区の施設がカオスでも、板橋区にはちゃんとくつろげる場所があるのだ。

写真は区立赤塚植物園内のもの。広大な敷地の中で、四季折々のさまざまな植物を鑑賞できる

温泉どころ(?)板橋でも有名なときわ健康温泉。安くて気軽に入浴できる「温泉銭湯」って感じ?

# お祭も充実 区民大会に花火大会が大盛り上がり

## そんなに花火とお祭が好きなんですか？

板橋区に住んでいると、何かにつけてお祭りばかりやっているイメージがある。その中で最も有名なのは、荒川で行われる「いたばし花火大会」だろう。2006年のデータでは何と120万人もの観客動員が記録されており、これは東京都で行われる花火大会では江戸川花火大会の139万人に続いて2番目の規模となる。かの有名な隅田川の花火大会ですら96万人なのだから、板橋区民は花火が大好きで大好きでたまらないのだろう……。

と適当な感想を述べようと思ったのだが、よくよく考えてみたら板橋区の人口は約53万人しかいない。区民全員が出掛けたとしても、残りの70万人はどこから来ているのだろうか？　それにこの花火大会には最寄り駅と呼べる駅がないという凄まじい悪条件で、高島平駅・西台駅・蓮根・浮間舟渡駅のどこから歩いても30分かかるという陸の孤島で開催される。にもかかわらず、この花火大会の日は１２０万人もの人間が荒川の何もないだだっ広い土手に集結するのだ。推定20万人と言われる豊臣秀吉の小田原攻めの6倍の数字なのだから、これなら国家転覆くらい謀れるかもしれない。

それはともかく、この花火大会の最大の問題は人込みである。まず最寄り駅があまりに膨大な利用者を許容できず、電車の乗り降りすらままならない地獄絵図と化すのだ。それもそのはずで、それぞれの駅の通常の利用者数を並べてみると、高島平駅3万人、西台駅1万2千人、蓮根駅8千人、浮間舟渡駅1万8千人と、全て合わせても7万人弱しか利用していない駅に一挙に１２０万人が押し寄せるのだから、混乱しない方がおかしい。さらに会場までの道筋にも問題があり、他に何もない住宅地を何キロも歩くしかない。これはこれで近隣住民からしてみればナマハゲの行進より恐ろしい光景だろう。

この花火大会を筆頭に、区内では様々なお祭りが開かれるのだが、皆さんは

普段はのどかな板橋区北部。花火大会の時期は、この一帯が100万を超える侵略者たちに蹂躙される

「板橋三大踊り」をご存知だろうか？これは区内で行われる踊りで、成増の阿波踊り、続いて中板橋のヘソ踊り、さらに志村のサンバカーニバルと、板橋に由来する踊りが何ひとつなく、それ以前に何が目的なのか理解できない。

さらにカオスなのが「区民まつり」で、こちらは板橋に住む外国人も混ざって各国の郷土料理などを屋台で販売しており、もはや板橋はおろか日本ですらなく、真のグローバル社会とはこういった状況の事をいうのだろうと感心するしかない。

# 恩賜上野動物園と双璧をなす(?)こども動物園

## 子供を持つ家庭ならば知っておかないと大損

板橋区南東部には、加賀藩の下屋敷跡地を使った大モノ（学校・病院・公園・体育館など）があちこちに存在している。現在の住所で言うと、加賀一丁目と板橋四丁目はほぼすべてが、加賀二丁目と板橋三丁目もその大部分が下屋敷跡なので、旧中仙道から少し北側に位置する場所の殆どという広大さだ。

その中でも特に東板橋公園と、その敷地内にあるこども動物園は、区民ならば知っておいた方がいいオススメスポットである。東板橋公園は住宅街のど真ん中にあるとは思えぬほど広く、中には野球のグラウンドやテニスコート、大人も使える運動器具なども設置されている。昔は園内に子供用のプールや水族館もあったのだが、それらは老朽化などを理由に廃止され、何度か改修工事を経て、現在の子供が息切れするまで好き放題に駆けずり回れるだだっ広い公園として生まれ変わった。以前は設備がアレもコレもになっており、個々を見ると残念なクオリティの物も多かったので、現在の方が用途がハッキリした分だけ使いやすくなったのではなかろうか。ただ、落ちたら大怪我じゃ済まないと感じる遊具が軒並み撤去されてしまった点だけは残念だ。近隣の子供は、あの遊具から落ちた痛みで危機管理を覚えたというのに。

この東板橋公園の中には、こども動物園という動物が放し飼いにされているスペースがあり、子供はヤギやヒツジなどそこにいる動物達と自由に触れ合え、時間は決まっているもののエサやり体験もできる。またポニーにも乗せてもらえ、大きな動物を怖がる子にはモルモットを抱っこできるコーナーもあり、なぜかクジャクやフラミンゴまで飼われている。小さな子供の免疫力を高めるのに最高の場所なのだ。

地味でマイナーな板橋区だけあって、上野動物園などと違い人でごった返すこともなく、なおかつ全て無料という点も嬉しい。

## 子を持ってわかる板橋の優しさ

今でこそ東板橋公園およびこども動物園の有り難さが理解できるが、自分が子供の頃は広いだけで面白みのない場所だと感じていた。なんとかレンジャーのアトラクションといった派手な要素は皆無だし、ヒツジやヤギは臭いし、友達と鬼ごっこをするのに丁度いいから習慣で毎日行くという存在だったのだ。

ところが、自分に子供が生まれ、外で遊ばせてやる必要性に迫られてみると、途端にこの公園への評価が激変する。ひたすら暴れたがる小さな子供を放り込むのに、これほど適した公園は都内ではなかなかない。グラウンド以外でのボール遊びや自転車の乗り入れが禁止されているので、親も安心して放っておけるし、この公園の近くに住める家庭は勝ち組だろう。

東板橋公園こそ「ハレの要素は何もないけど日常に必要な物は揃っている」という、板橋という土地を具現化した公園なのである。入園料すらタダなので、休日・平日問わず散歩ついでに訪れてみて欲しい。

老朽化した施設が取っ払われたことで、ご覧の通り緑豊かなだだっ広い公園へと変貌

ご覧の通りヤギやヒツジが群れで生活している。彼らは子供慣れしているので小さい子でも安心安全！

# 大仏まであるのに神社仏閣が少ない！その大仏すらも!?

## 商店街こそが最大の歴史スポット？

歴史を売りにしている板橋区だけあって、区の観光協会のサイトには様々な名所旧跡や神社仏閣が紹介されている。それらは中山道や川越街道といった古い街道沿いに集中しており、古い絵図に残されている場所も少なくない。休みの日などは中高年の方々が旧道散策を楽しみながら、こうした名所や史跡に立ち寄る姿が見られる。またお寺には様々ないわれがあり、歴史上の有名人のお墓があったり、遊女のお墓があったりと多種多様なのだが、中には宿場町時代の名主一族の菩提寺として守られてきたお寺もある。こうした例は、昔の有力者が今も地主や不動産屋として残っている板橋区ならではといえよう。

また神社に関しては数百年～千年以上という、お寺よりも遥かに古い歴史を持つ場所が多く、これは板橋が古代から多くの人が住む土地だった事に起因していると思われる。また古来から受け継がれている行事を頑なに守っている地域もあり、中でも板橋で最古の神社と言われる徳丸北野神社や、文明年間創建の赤塚諏訪神社で毎年行われている田遊びは、国の重要無形民族文化財に指定されている。この田遊びとは、五穀豊穣と子孫繁栄を祈願し神に奉納する行事で、その内容は古代日本の呪術的要素が色濃い。農地の少なくなった今でも、所作や作法を受け継いでいる地元の方の努力には頭が下がる。区内に住んでいても気付かないが、実は板橋には貴重な文化遺産が残っているのだ。

だがしかし、よくよく23区内の寺社数データを調べてみると、板橋は現存する寺社数が極端に少ない事が発覚してしまった！　板橋の寺院数54に対して、新宿１４５、足立１２７と、板橋の神社数21に対して新宿31、足立29と、あらゆる面で低すぎるのだ。寺社数の合計では、板橋が75なのに対して新宿１７６、足立１５６となっており、２倍以上の差をつけられている始末である。ちょっとこれでは「歴史の街いたばし」を名乗るには無理があるんじゃないか？　これで仮に周辺環境がきっちり整備されていて、観光客を呼べるような空間ならば問題はないのだけれども、板橋区にはお金がないのか、そういった観光のための整備がほとんどされていないのである。良くて説明書きのある立て札が立っている程度で、地元民でも何がどこにあるのか知らないようなあり様だ。

よし、こうなったら板橋区は「最大の観光スポットは宿場町（商店街）だ！」という事にしよう。

## 大仏のあるお寺は果てしなく奇妙だった！

板橋区のお寺というと、まず名前が挙がるのがこの乗蓮寺である。この乗蓮寺はそもそもは下板橋宿の中宿（現在の仲宿）にあったもので、それが昭和46年に首都高建設や17号線の拡張に伴い、7年の歳月をかけて現在の赤塚に移転した。この乗蓮寺の創建は１４００年代初頭と言われ、徳川家康から10石の朱印地を寄進されて以来、代々の将軍に朱印状を与えられ、八代吉宗以降は鷹狩の際の小休所や御膳所とされたという。東京大仏は比較的新しい物で、赤塚移転後の昭和52年に完成した。ちなみにこの東京大仏には文化財としての肩書きがなく、日本三大仏のひとつと呼んでいるのは板橋区だけである。奈良、鎌倉に次ぐ大仏がどれかという論争になった際に、名前すら出してもらえなかった。

それより何より、この乗蓮寺は全体的にコンセプトが不明である。敷地内に様々な石仏が所狭しと並べられているのだが、ごちゃごちゃと色々な物がありすぎて有り難さを感じず、いってみれば村おこしで作った胡散臭いテーマパークのようなあり様なのだ。これらの謎の石仏群は、戦国武将の藤堂高虎が朝鮮出兵の際に持ち帰った物で、それを藤堂家ゆかりの人物が寄進してくれたという話になっている。その信憑性は……。ちょっと怖くて調べていません。

赤塚諏訪神社の田遊び。写真はお焚き上げの様子。警備の消防団員も記念写真を撮ったりとのどかな雰囲気

江戸の昔から歓楽街だった板橋だけに、このような「遊女の墓」などというものもある

中央に鎮座する東京大仏。かなりの大きさだが、今のところ文化財としての認定を受けられていない

藤堂高虎が朝鮮から持ち帰ったと伝えられる役小角像。ちょっと待て、日本人の像がなぜ海外にあるのだ!?

# 板橋区は個のパワーで成り立っていた！

## もはや独立国家レベルの自主性

この章だけではなく、本書を通してのキーワードとなりつつある「板橋プラスマイナスゼロの公式」だが、そろそろ皆さんにも、その破壊力のほどがご理解いただけただろうか？優秀な大道路網と、深刻な大気汚染。日本一と言って差し支えない医療施設の充実と、国民健康保険の資格証明書問題。区民の憩いの場として整備された数多くの公園と、そこを根城にする悪ガキどもの暴走暴発。物価の安さによる人口増加と、治安の悪化。このように数え上げたらキリがないほど、全てが相殺し合っているのである。

## 板橋区民のパワーがマイナスをプラスに

だがこうした見方はあまりに一方的で、視点を変えると明らかなマイナス要素がプラスに転化しているケースも数多い。例えば都内でも有数の放火の多さは、救急消防の神懸かり的な「職人技」によって最小限の被害に食い止められているし、他路線に乗り換え出来る鉄道駅がひとつもないという恥部は、区全域の土地価格の高騰を抑えている。よって区内に池袋や新宿のような大繁華街がない代わりに、どこで暮らしても23区内とは思えぬほど物価が安い。

また歴史の保存が出来ていないという問題点も、気にするのは一部の懐古的な区民や区の広報くらいのもので、多くの区民は「ないなら俺らで作っちまえ！」と、次々と新たなお祭りを生み出している。中板橋のヘソ踊りや志村のサンバカーニバルなど、字面だけ見ると笑ってしまうが、実際に参加してみると実に賑やかで楽しい。これなど「いい大人が賑やかにバカをやっていられるのが板橋区だ！」という、一種の開き直りの美学である。

そうかと思うと田遊びという無形文化財を実直に守り続けている区民もいる

し、調べるほどに公よりも個のパワーに圧倒される。思えば板橋名物の巨大商店街など、個のパワーが結集した象徴ではないか（祭りの会場になるのも主に商店街だし）。

こうした板橋区の「公よりも個が強い」という特徴をより詳しく説明するため、区民でも知らない人がいるかもしれない「高島平新聞」をご紹介しよう。この高島平新聞は、高島平団地への入居が開始された1972年5月に創刊されたタウン誌で、同年7月に月刊ぴあが創刊されている事を考えると、その先見の明は凄すぎるとしか言いようがない。何たって一般に情報誌という概念が浸透する前の話なのだから恐れ入る。ちなみにTJN（タウン情報全国ネットワーク）という組織では、日本で最古のタウン誌は信州長野の情報を伝える「ながの情報」だと言っているのだが、こちらは創刊が1973年であり、高島平新聞の方が明らかに古い。それはともかく、この高島平新聞が創刊された背景には「公が頼りないから個が頑張るしかない」という事情があったようで、この辺りの事情を高島平新聞のWebサイトではこう伝えている。

「昭和47年（1972）東京の北西部に突如出現した高島平団地。東洋一のマンモス団地という鳴り物入りで建てられたにもかかわらず、どこに行けば何が売っているのかさえわからない。たばこひとつ買うのにも苦労している住民。1年足らずの間に一挙に3万人が住む街に。住民は戸惑った。小紙・村中義雄編集長は立ちあがった。新聞作りのノウハウは知っていた。ハードを公団が作ったのなら、ソフトは私が創ると、高島平団地住民むけの情報紙を創ることを決心。昭和47年5月20日、高島平新聞の前身「団地新聞・高島平」を創刊。タブロイド判4頁、チラシのような新聞ではあったが、記念すべき第1号。編集長とその妻・美代子が手分けして団地中に手配りした」（高島平新聞Ｗｅｂサイトより一部引用）

これは言ってみれば「英雄譚」である。高島平団地への入居を決めたものの、実際に住んでみたら「どこに行けば何があるのか？」といった情報が全く伝わって来ず、まともな生活が送れない住民達。そこで皆を救うべく、公ではなく一個人が立ち上がったのである。

## 高島平周辺の地名は区民が勝手につけた

その個のパワーを象徴するのが、地域住民の手で高島平の地名を勝手に付けてしまったという逸話だ。高島平新聞は、公団が当時の高島平地域に付けた「A地区」といった無機質な地名に対し「納得いくか！」と不満の声を挙げ、音頭をとってスポンサーを集め、賞金まで用意して住民のアイデアを募集し、地域住民の手で地名を付け替えてしまったのである。

この高島平新聞は今も変わらず住民の手で作られているというのに、高島平で生活する上で必要なありとあらゆる情報を網羅した充実ぶりで、Webサイトにしても板橋区のオフィシャルサイトとは比較にならないほど役に立つ。板橋区はもっと個に学ばねばなるまい。

このように個のパワーで維持されているような板橋区だが、それ故に住民視点での生活環境整備がされており、23区でもトップレベルの暮らしさすさを実現している。例えば3章で取り上げた物価の安さなど、他でもなく個人の経営努力の積み重ねで成し得たものだ。だからこそ酒と食の誘惑が区民の命を縮め

高島平一帯の道の名前は町名などは、地域市民が自分たちで名づけたもの。ともかく独自性が高い

ているという一面もあるのだが、それについては「板橋といえばプラマイゼロ」と割り切って各自が自重するしかない。さらには板橋の救急隊員の優秀さについても、公というよりは隊員ひとりひとりの努力の賜物である。これもやはり個のパワーによるものなのである。

行政（公）が大きなマイナスを作り、それに対して区民（個）が「またやらかしやがったな！」と愚痴をこぼしながら黙々と努力を重ね、結果としてマイナスを帳消しにするようなプラスを生み出す。それが板橋区の実情ではなかろうか。

# 大マンション建設ラッシュは危険がいっぱい

## 区内全域に雨後の筍が次々と！

板橋区とは「変わらなさ」がウリでもあり欠陥でもある街だが、本書が発行された当時（2008年）と比較すると、随分と大きな変化もあった。中でも特に目立つのは、区内の至る所に次々と建てられ続けている大型マンションである。荒川や新河岸川に近い場所ならば土地の確保もし易いだろうと納得できるが、三田線の新板橋～板橋本町やJR板橋駅周辺のような、古くからの住宅や商店が密集している場所にも、雨後の筍のようにタワーマンションが生えている。しかも、それだけ乱雑に大マンションが増えても需要はあるようで、2008年頃には53万人だった板橋区の人口が、最新の統計では約55万人に増加した。高島平の巨大団地群の人口とほぼ同数が、区内のどこかに流入して来てくれたのである。

人口の大増加という結果が出ているのだから、素直に喜ばしいと言いたいところなのだが、残念ながら話はそう単純ではない。すでに様々な問題が噴出しつつあり、また今後必ず直面するであろう問題も囁かれている。

## そもそも板橋区の住宅需要はとても高い

区内各地の不動産屋から聞き込みしてみたところ、板橋区全体の平均という意味では、賃貸の空き室は埋まりやすい傾向にあるという。当然ながら、地区や条件によって人気の差はあるが、他区と比べても空き室に悩む大家さんはそれほど多くないようだ。また、より顕著なのが一戸建ての需要で、こちらは新しく建てられても即座に売れてしまうという。やはり道路事情に恵まれていることと、三田線が使えれば大手町まで１本という点が、一戸建てに住みたい人の心を掴むらしい。ところが、これが問題なのである。

# 板橋って古い街なんですよ……

　まずＪＲ板橋駅から板橋本町にかけた元宿場や大山といった比較的古い街では、新しく出来たマンションに引っ越して来た住民と、古くからその土地に住む住民との間に、妙なモヤモヤが生まれている。以前とある不動産屋のＷＥＢページや質問サイトで、新住民と思われる人物のこのような書き込みを見付けて愕然となった。「板橋に引っ越して来たのですが、町会や商店街の人が押し付けがましくて困っています」じゃあハナから板橋に来るなという話である。またＪＲ板橋駅のすぐ目の前に建った巨大マンションなど、板橋区と豊島区にまたがっているのだが、板橋という地名を嫌がったのか、迷うことなくマンション名に「池袋本町」を採用した。目の前は板橋駅なのに……。いったい板橋区を何だと思っているのか理解に苦しむが、今風の「放っておいて欲しい」という方には、どうも板橋区南部の空気は合わず、また板橋という地名自体もお気に召さないらしい。よし、区の人口をもう一度53万人に戻そう。

## 学校どうすんのよ？

一戸建てやファミリータイプマンションの需要が高めな高島平地区や志村地区などでは、さらに重大な危機が迫っている。元から計画都市として作られた高島平はまだマシだが、志村や小豆沢地区では、公立の学校が需要過多でマンモス化しているという。今や日本は全国的に少子化が叫ばれており、そのせいで都内でも公立校の合併や廃校が進んでいる。板橋区も同様で、例えば大山西町にあった大山小学校（廃校）は、住宅街の真ん中にあってハッピーロード商店街にほど近く、隣には中学校や交通公園があるという素晴らしい立地だったにもかかわらず、児童の減少が止まらず、2012・2013年度には新入生が1人しかいなかった。最終的には複式学級（学年の違う子供達をひとつの学級に入れる）で何とか教室を埋めているという状況だったようだ。

ところが、マンション建設ラッシュの直撃を受けた土地では、ファミリー層の急激な増加により、教室不足に陥ってしまったのである。志村・小豆沢地区では、子供が多すぎて教師の居場所がない学校があるほどだという。実数を出すと、志村第六小学校は、２０１４年度の全校生徒数が約８００人で、１学年が4学級１３０人ほどおり、これは団塊ジュニア世代が知る小学校の風景である。そうかと思うと栄町にある第九小学校は全校生徒が90人ほどしかおらず、志村６小の一学年より人数が少ない。ちなみに、この２つの小学校は両方とも都営三田線が最寄りなのだが、駅数にして5駅しか離れていない。

## 学校は一度潰すと再建不可能

ここまでは「マンションが増えた場合」の結果として、学校の児童数の問題を取り上げた。しかしマンション建設ラッシュには他の側面もある。例えば先に挙げた大山小学校のように、一度廃校になった学校の跡地がその後どうなるかおわかりだろうか。小学校が建てられる土地は、権利者が「子供のためならば」と使わせてくれていた場合が多く、区有地と民有地が入り乱れているのである。ということは、上モノの小学校がなくなれば、土地の所有権が元の地主に戻る。ここで板橋区の住宅需要が影響し、デベロッパー達が売ってもらえる土地を片

マンション乱立の影響でマンモス小学校が生まれる一方、高島平には廃校が。この廃校跡の再利用は街づくり計画の大きなテーマになっている

っ端から買い付けてしまう。すると元学校跡地は所有者がモザイク柄のようになり、区民のために公共施設を建てるとか、再び学校をといった活用が不可能になってしまうのだ。結局使い道がなくなり、こうやって次々とマンションばかり生まれ、板橋区のような金のない行政ではどうにもできず、しわ寄せが末端の区民にのしかかって来る。この連鎖が続けば、単身世帯や高齢世帯が多く、学校が廃校になる土地と、極端にマンモス校化する土地との二極化が進んでしまうだろう。これは板橋区に課せられた重大かつ深刻なテーマだ。

## 板橋区の公立小学校児童数

| 順位 | 学校名 | 児童数 |
|---|---|---|
| 1 | 板橋区立志村第六小学校 | 777 |
| 2 | 板橋区立北野小学校 | 774 |
| 3 | 板橋区立桜川小学校 | 718 |
| 4 | 板橋区立紅梅小学校 | 669 |
| 5 | 板橋区立成増ヶ丘小学校 | 656 |
| 6 | 板橋区立金沢小学校 | 639 |
| 7 | 板橋区立成増小学校 | 596 |
| 8 | 板橋区立常盤台小学校 | 593 |
| 9 | 板橋区立徳丸小学校 | 589 |
| 10 | 板橋区立赤塚小学校 | 588 |
| 43 | 板橋区立高島第五小学校 | 244 |
| 44 | 板橋区立板橋第七小学校 | 222 |
| 45 | 板橋区立赤塚新町小学校 | 220 |
| 46 | 板橋区立向原小学校 | 197 |
| 47 | 板橋区立上板橋小学校 | 175 |
| 48 | 板橋区立板橋第二小学校 | 166 |
| 49 | 板橋区立弥生小学校 | 166 |
| 50 | 板橋区立板橋第八小学校 | 139 |
| 51 | 板橋区立志村第三小学校 | 121 |
| 52 | 板橋区立板橋第九小学校 | 87 |

学校教育サイト ガッコム調べ

板橋区コラム 4 ネタ編

# 2008〜2016年こぼれ話

他項で散々述べているのでしつこくなるが、本書が発行されたのは2008年である。それが8年も間を置いて何故か文庫化されてしまった訳だが、8年もあれば街の至る所が様変わりして当たり前だ……と思いきや、我が板橋区は特に大きな変化はなく、8年前に使ったデータ類も微調整すれば今でも使えるという恐ろしい結果が出てしまった。そのため「重要な話題ではないから」という理由で頁を新設できなかったネタが多々ある。そんな陽の目を見なかった可哀想な情報を、このコラム頁に押し込めさせていただく。

## 『荒川市民マラソンが板橋Ｃｉｔｙマラソンに名称変更』

のっけから興味のない方にはどうでもいい情報だろうが、このマラソン大会を侮ってはならない。なんと参加者が1万5千人もいる立派な市民マラソンなのだ。しかもその内容が「戸田橋の辺りから延々と荒川の河川敷を走るだけ」というのんびりしたコース設定で、川っぺりだけあって起伏が殆どなく、初心者でも走りやすいと評判なのだ。さらに給水所が途中に15箇所もあり、水だけではなくパンやバナナやシャーベットなど種類豊富に取り揃えられ、制限時間が7時間と余裕があることから、フルマラソンながら完走率が97％を超えるという優しさに満ち溢れたところが実に板橋的。ただ残念なことに、川沿いだけあって天候に左右される要素が強すぎ、簡易トイレが横倒しになるレベルの強風によって開催中止になった年もある。また、このマラソンはスタート地点こそ板橋区内だが、そこからすぐに北区に入り、荒川区、墨田区、そして折り返し地点が江戸川区の荒川大橋と、板橋Ｃｉｔｙマラソンを名乗る割には板橋区内を殆ど走らないという疑問点もあるのだが、細かいことは気にしないのが板橋流である。ちなみに、途中で京成線の八広駅のすぐ近くを通るのだが、そこから電車に乗るとたった2駅で大衆酒場の聖地・立石に行ける。個人的に、この誘惑に勝てるかどうかが完走できるか否かの分かれ目になりそうだ。

## 『西が丘サッカー場が味の素フィールド西が丘に名称変更』

マラソンの次はサッカーということで、これまた人を選ぶ情報になってしまうが、西が丘サッカー場は名前が変わっただけではなく、なんとヴェルディとも提携しており、板橋区民にとってどこにあるかよく解らない地味なサッカー場が、気付けば重要なスポーツの拠点と化している。このサッカー場は、元々は軍の兵器庫があった場所で、完成が１９７２年の割に、75年生まれの筆者が小学生の頃にはすでにボロかった。あちこちコンクリ剥き出しでこ汚かった記憶が強いのだが、改めて訪ねてみるとピカピカの施設に生まれ変わっていて驚いた。昔はその辺の商店でジュースや肉まんを買って寝転がりながら観戦できたのだが、今やそんな一昔前の川崎球場のような使い方はできなさそうだ。

ちなみに、この情報が本編から弾かれた最大の理由は話題として小さいからではない。この競技場の最寄り駅は三田線の本蓮沼駅で、そこからのルートはほぼ板橋区なのだが、所在地は北区なのである。北区側から見ると完全に陸の孤島なのだが、こういう部分に板橋区のイケてなさが如実に現れてしまう。

#『タニタ快進撃』

板橋区が誇る大企業タニタの快進撃も本書発行後の出来事だった。NHKの人気番組『サラリーマンNEO』にタニタの社食が取り上げられて話題となり、書籍化され、なんとそれを元にした映画まで作られた。おまけにタニタ式の健康食をウリにしたレストランまで展開し、旅行業者と組んで健康ツアーを企画したりもしている。まさにとどまる所を知らない大活躍だ。板橋区民的には、タニタというとときわ台周辺のメタボ区民に対する脅しとしか受け取れない看板にもう少し注目が集まってもいいのではないかと思うのだが、ネットで検索してもあれだけ嫌な看板がそれほど話題になっていない。もし気になった読者がいたら、どんな看板なのかときわ台駅からSB通り方面へ歩いて確認してみて欲しい。看板群の先にタニタがあり、その敷地は地獄の足つぼコースが設置された公園として開放されている。

## 『東武東上線が東武鉄道の直轄に』

こう書くと「では今までは何だったんだ」と事情をよく知らない方から疑問の声が挙がるだろうが、今までは東武鉄道の中で東武東上線は鬼子だったのである。本編にも書いたが、大正時代に東武鉄道と東上鉄道が合併した際に対等な立場だったため、東上鉄道は東武東上線を管轄する東上業務部として名残りが残ってしまった。そのせいかどうか定かではないが、これによって東武鉄道が発行する時刻表に東上線だけ載っていないとか、明らかに東上線沿線だけお金をかけて貰えていない、他の東武線とロゴが違う、駅標識が東武鉄道の物と違うなど、様々なモヤモヤが平成の時代になっても存在した。それが2015年に東武鉄道に組織改革があり、東上業務部が廃止され、晴れて東上線も東武鉄道の仲間入りを果たせたのである。遠く大正時代から続いた東武東上線のライダーマン、もしくはウルトラマンレオ的扱いが、やっとの事で正規ライダーないしは正規のウルトラ一族として認められたのだ。

この東上線の話題は、決して笑い話的な軽いものではない。板橋区民にとっては、これによって生活事情が大きく変化するかもしれない大事である。なんせこれまでの東武東上線は開かずの踏切が多すぎて渋滞の原因にもなっており、区内の駅の殆どが前時代的で、区内の駅で最も栄えているであろう大山駅ですら、つい最近バリアフリー対策でエレベーターが付けられた有り様だ。それが東武鉄道という大きなバックボーンが直接面倒を見てくれるようになるのだから、変化を期待するなというのが酷である。今まで罪なき板橋区民は埼玉県民優先の営業方針に起因する七難八苦に耐えて参りました。いい加減に助けてくださいい東武鉄道様。例えば北千住駅ってキレイで大きくてオシャレですよね。板橋も千住と同じく元江戸四宿です。同じ規模とは言わないまでも、せめて成増レベルの駅を増やしていただけないでしょうか。今のところ区内で唯一快速が停まる成増を別格とすれば、最も規模の大きい区内の駅は、ホームの上に団地が乗っかっている下赤塚駅なんですから。これまで東上線の「○○駅から池袋まで××分」というウリ文句を成立させていたのは、開かずの踏切が引き起こすイライラと、それでいて快速にも乗せて貰えない惨めさに耐えて来た板橋区民のお陰ではありませんか。

第５章

# 「わたしたちの板橋」の真実って？

# 板橋区の抱える問題は利点とセットになっていた！

## プラマイゼロが板橋区の全て？

　ここまで見てきた様々なデータを元に考察すると、板橋区は商店の密集する南東地区と、工業だけが飛び抜けて発展している北部地区、そして一大ベッドタウンの西部地区とに綺麗に区分けされている事がわかる。各地域の抱えている問題も、こうした区分けによって面白いほど差があり、南東地区では車上荒らしや自転車盗難といった、住居以外を対象とした盗難事件の多さが目立つ。

　対して北部地区では志村を中心として事務所荒らしが多く、西部地区の成増周辺では住宅を狙った空き巣が、東武練馬周辺では通行中の住民を狙ったひったくりが多い。

犯罪による被害以外にも、板橋区では利点と問題点が表裏一体となっているケースが多く、全てが「プラスマイナスゼロ」という単語に集約されてしまっているかのようだ。

その中でも特に区民の生活に直結する大問題は、国民健康保険の資格証明書問題などであろう。保険料を払わないから悪いという意見はもっともだが、健康保険というのは生命維持のための最後の命綱である。充分払えるのに払わないという昨今の給食費問題のような悪質なケースならともかく、純粋に貧乏人が多い土地なのだから、滞納が続いたからといって簡単に保険証を取り上げていいものだろうか？　板橋区は弱者に優しいというイメージを持っている人も多いだろうし、実際に障害者や高齢者に対するケアは充実している。しかしどれだけ最先端の医療施設が多くとも、どれだけ福祉に力を入れようとも、弱者の命が守られないのであれば全く意味がない。医療は充実しているのに大気汚染が酷いとか、それなのにさらに道路を拡張しようとするとか、何だか全てが相殺し合っているのである。

実際にこうした諸問題について板橋区民が行政や地域に対してどう思ってい

るのかを測るために、区の行った区民満足度調査を例に出してみよう。この調査報告書を読んでみると実に興味深く、まず最も多い回答が「どちらでもない」なのだ。普通は区の調査なのだから、もっと何かしらの要求が多くなってもいいと思うのだが、区民の声は満足でも不満でもなく「どちらでもない」なのである。

これは不満と満足が半々という受け取り方もできるが、それ以上に区民が今の生活に行政の恩恵を感じておらず、何の期待もしていない証拠とも言えるではないか。例えば一番の生活の支えである物価の安さは商店の努力の賜物だし、いわば区民は公より個に頼って生きているのである。例外として施設のバリアフリー化などは個人ではどうにもならない問題なので、調査の報告書でも「不満」と答えた人が35%と多い。逆に「満足」と答えた人が多い項目は、商店街と公共交通と歴史的文化財などである。

しかしこれらは区が何かしたというより、板橋区が成立する以前にすでにあったものばかりだ。南東部の商店街などはそもそも宿場町だし、道路などの公共交通にしたって基本は江戸時代に整備された街道である。神社仏閣やそれにまつわる宝物の歴史も古く、現在の行政が与えてくれたものとは言えない。区は何かというと「古い歴史」をアピールするが、実際には特定の文化財などがバラバラに点在しているだけで、観光客を呼べるようなコース作りや周辺環境の整備はほとんどされておらず、あっても史跡の前に説明書きの立て札がある程度だ。最寄り駅もなく急坂と住宅しかないような場所にポツンとお寺があっても、そんな場所に誰が行きたがるのだろう？ せめて周囲に人が癒やしを感じるような古い町並みでもあればいいのだが、板橋区にはそういった風景を保存する余裕はないようで、私が子供の頃と比較すると歴史のある古い家が激減している。その代わりにマンションや駐車場ばかり増えてしまい、せっかく由緒ある寺社や名所があってもこれではまるで魅力がない。それに今あるものを丁寧に整備するといった事も不十分で、ものがただ「あればいいだろう」と野ざらしになっているも同然なのだ。

街道の町板橋は主要幹線道路＆高速道路の町へ。意味合いとしては何百年も変わっていないが公害は勘弁！

文化財といえるものは確かに存在する。だが、それをうまく利用するための体制は、まだまだ全然なのだ

# 外国人犯罪が多いというのはウソ！今じゃ国際化モデル地域！

## 出稼ぎ外国人も納得の住みやすさ

いきなり苦言ばかりになってしまったが、明るい話題もちゃんとある。

そのひとつが外国人の流入者が増えている点だ。区内を歩くと様々な国籍の外国人が大勢目に付くのだが、白人が激レアキャラで、９割以上が有色人種というのが何とも板橋らしい。そんな彼らに話を聞いてみると、色々と面白い意見が飛び出す。

例えば日本とは比較にならないほど貧しい国から来ている人でも、祖国より板橋の方が収入と物価のバランスが良いらしく、口を揃えて「板橋区は住みやすい」というのだ。あくまで収入と比較しての話だろうが、行き着けの飲食店のバングラデシュ出身の店主に「板橋の方が物価が安いよ」と言われた時は腰が抜けた。

外国人の出稼ぎ労働者というと「怖い」とか「治安が悪化する」といった声が挙がりそうだが、板橋区では外国人の経営している飲食店の人気が高く、店主達は近隣住民や常連客との間にしっかりと信頼関係を築けている。一昔前と比べるとお年寄りでさえ外国人に慣れてきたようで、よほど日本人側が偏狭じゃない限り「〇〇人だから」という理由で理不尽な差別が発生したりはしないのである。

改善すべき点があるとすれば、それは言葉の壁くらいではなかろうか？　特に不動産屋で家を探そうにも、言葉が通じなくて条件に合う部屋が借りられないという声を耳にする。そういう場合は知人に通訳を頼んだりしているようだが、日本人の側がもっと努力できる点もあるのではないだろうか？　例えば各地の不動産屋や公共施設で通訳を共有するとか、それが無理でも区内にある外国人向けの様々なサービスを紹介するといった心遣いなら今すぐにでも可能だろう。頼れる人間がいなければ、日本人であっても道を踏み外す可能性が高いのだから、治安維持のためにもこうした日本人特有の、そして板橋の商店街名物の人情をフル活用すべきである。

とはいっても、現状でも板橋という土地は外国人に人気が高いようで、同郷の仲間に「板橋は生活も商売もしやすい」と伝え広めている人物が多いようだ。特に区内で飲食店を経営している外国人がリーダー役となり、仲間達の衣食住や職の世話をし、さらに日本の文化や知識を教えているケースが目立つ。

こうした外国人経営の飲食店を中心として日本人の常連客などが「美味しくて安いから大好き」と、食べ物に釣られるかのように異文化交流を行い、気付けば民間レベルで助け合い精神に溢れたグローバルコミュニティを築き上げているのだ。

偉そうに語っている筆者自身もそのひとりなのだが、だって950円で美味しいカレー数種類とナンとライスとサラダとチャイが食べ放題のバイキングなんて味わってしまったら「ネパール人とは仲良くしよう！」と思ってしまうじゃないか。ちなみにバングラデシュ人やモンゴル人に関しても同様である。そんな現金な区民が多いからか、今では「元からの区民よりも外国人の方がよっぽど礼儀正しい」という声が高まっているほどなのだ。板橋って実はこんなに呑気な土地なのである。

## 昔はいろいろありましたが

しかし実際には未だに「板橋区は外国人犯罪が多くて怖そう」というイメージを持たれているわけで、それがどういう要因によるものなのか考えてみたのだが、恐らくそれは昔から中華系や半島系の外国人が大勢住んでいたからではなかろうか？　板橋区では30年前の時点ですでに外国人犯罪が問題視されており、70年代辺りには民族学校と周辺学校との間で暴力沙汰などのトラブルが多発していた。そこに地元の不良グループや暴走族などが介入し、日本人ＶＳアジア人という構図で決して報道されない泥沼の抗争が繰り返されていたのである。

かくいう筆者自身も今から20年前にこうした危険に直面した事があった。ある日友人を訪ねて仲宿から北区十条へ向かっていたのだが、いきなり民族学校の生徒に取り囲まれ、30人くらいに日本語ではない罵声を浴びせかけられて追い回されたのだ。その時は死にたくない一心で埼京線の線路を走り何とか逃げのびたのだが、こんな経験のある人間が板橋界隈には多数おり、一時期は外国人に対する反発が高まった事もあった。それに最近の話では２００２年にピッキング強盗をしようとしていた不法入国の中国人が、職務質問をしてきた警官から逃げるために暴行し、発砲されて重傷を負うという事件が発生して大問題となったのだが、こうした一部のインパクトのある事件が重なった事によって「板橋区と言えば外国人犯罪」というイメージが形成されてしまったのだろう。

## 真面目で働き者な板橋在住の外国人

しかし今では地域住民と外国人との間に昔ほどの対立構造はなく、国籍とは無関係にごく一部に悪い奴がいるだけだと認知されている。過去に区民が民族問題に悩まされ続けた事は事実だが、今となっては苦労の末に克服した懐かしい昔話なのだ。

日本はアジア屈指の先進国であるため、今後も近隣国を中心として外国人が多く流入してくるだろうが、そうした外国人は金持ちであれば裕福な日本人が住む土地に、貧しければ貧乏な日本人が住む土地へ流れるのが道理である。板橋区は間違いなく後者なのだが、だからと言って「外国人犯罪が！」などと悲観するのは間違いだ。板橋には「誰でも豊かに暮らせる」という武器があるのだから、それと地域住民の理解が合わされば、今までがそうだったように今後も極端な治安の悪化には繋がらない。5章の始めではこれが区民を甘やかし人生を狂わせる要因になっていると言ったが、対象が外国人となると話は別で、基本的に彼らは出稼ぎに来ているのだから、環境に甘えず日本人より真面目に働く傾向にある。外国人の経営する飲食店に深夜まで営業している店が多いというのも、その頑張りを示す良い例かもしれない。

これでもし真面目に働いても生活が楽にならないのであれば、魔が差して犯罪行為に走る事もあるだろうが何たって家賃2万円からスタートかつ価格破壊の板橋区である。手取りが20万円で家賃が4万円として、月々の光熱費や生活費を合わせて5万円程度としても、そこそこ豊かに生活しながら充分に貯金や仕送りができてしまうため、犯罪を引き起こすほどの貧困には陥り難いのだ。

さらに区も外国人向けに交流のためのサロンを提供するといったフォローを続けているし、日本人向けに異文化を紹介する催しも多く開かれている。直近では今年の2月に板橋区文化国際交流財団主催で、多文化共生区民フェスティバルという、区と交流のある国々の文化に触れる催し物が開催されたばかりだ。さらに区民まつりでは日本人に混じってバングラデシュやマレーやモンゴルといった国の料理が出店され、ワールドワイドな食い倒れ祭りと化している。このような官民一体の地道な活動が実を結び、現在の板橋区では民族の隔てのないグローバルな社会が実現しつつあるのだ。

# 変わらない事こそが板橋の最大の魅力である！

## いろいろうまくいかなかったけど

　板橋は過去に栄え過ぎたがために時代の流れを読み違え、明治の鉄道時代に乗り遅れてしまった。それが引き金となって近代的な都市開発が行われず、あらゆる面で時代に取り残され、いつしか23区の外れにある田舎と化したのである。続いてやって来たマイカーブームによって、板橋区ご自慢の大道路網が効果を発揮するかに見えたが、実際はあまりに便利すぎて誰もがビュンビュン通り過ぎていくだけで、残ったのは大気汚染と公害問題だけだった。

　唯一大きく発展したのは道路交通の利便性や水運を活かした工業なのだが、これも板橋を支える根幹産業ではあるものの、交通量の増加や治安の悪化に直結するため痛し痒しである。だがそれ故に地価や物価の高騰や無闇な土地開発が抑えられ、またずば抜けて便利な鉄道駅がひとつもないため極端な人口集中も起きなかった。こうした街として致命的とも思えるマイナス要素が掛け合わされた事によって、古くからの商店が大資本に潰される事なく生き残り、23区でもトップクラスの物価の安さを維持できたのである。「マイナス×マイナス＝プラス」という開き直った公式が、今になって板橋区に思わぬ魅力を与え始めたのだ。

将来的な面を考えてみても、板橋区は今まで無視されてきた地域だけあって土地がまだまだ余っており、地価は都心の土地不足にあえぐ人々の注目を浴びて安定した上昇傾向にある。こうした需要は成増地区や仲宿地区といった地域のマンション建設や、人口増加という形で如実に現れているようだ。

## 足立区とよく似ている板橋区の真実

内情を見てみると、板橋区の歩んできた歴史は「日本の特別地域」で扱った足立区と実によく似ている。品川、内藤新宿、千住、板橋という江戸四宿の中で落第生的存在の両区だが、実は住みやすいという事に皆が気付いたらしく、明治大正昭和と常に選択肢を選び間違えてきたものの、平成の時代になって最後と思える発展のチャンスを迎えている。この点でも板橋と足立は合わせ鏡のようである。ここでまた行政や地域住民が選択ミスをしてしまったら目も当てられないが、これだけ失敗を繰り返せば学習できたと信じたい。

このような大きな可能性が目の前に転がっているのだから、板橋区は下手に大規模開発を行うより、むしろ今ある物の整備をして地域の利便性や治安の向上に努めるべきではなかろうか？　これで調子に乗って大掛かりな事をすると、また板橋名物の「プラマイゼロの公式」が発動して、利点と一緒に新たな問題点が持ち上がるに違いない。

現状でも多くの区民が口を揃えて「生活するのが楽だ」と言っているのだから、後は細かい点のブラッシュアップだけで充分なのだろう。例えば交通機関に関していうと、東武東上線の高架化が全くできていないおかげで各地に開かずの踏み切りが存在している点や、区外に出るのは便利なのに区内の行き来が極端に不便な点、さらには鉄道がカバーできない地域を走るバスが、頻繁に渋滞に巻き込まれて使いものにならない点などは早急な対処が求められる。

特に東武東上線の踏切が開かない事にイライラした男性が、線路を横断しようと進入して電車にはねられて死亡するという痛ましい事故が起きているというのに、その事故現場に何の手立ても講じられていないのはいかがなものか。

また大山商店街にある踏み切りには対策として歩道橋が設置されているが、狭いスペースにヤッツケ仕事で建てたのが丸わかりで、延々と螺旋階段を上り下りさせられるという無茶苦茶な構造になっている。そのおかげでこの10年で使っている区民など見た記憶がないし、人が来ないものだから一時期はホームレスの住居と化していた。このような無駄さや無策さなど、いかに住民視点でものを見ていないかの証明である。後は志村地区や成増地区の住民が特に不安がっている「町が暗くて怖い」という点や、工場地帯の「壁だらけで死角が多すぎる」といった問題点も、明らかに犯罪を誘発する要因になっているので改善すべきだ。

しかしこれらの細かい点が改まれば、基本的には今のままでも板橋区は充分に魅力的なのではなかろうか？　今どき23区内で月収15万円で不満なく暮らせる地域なんてそうはないのだから、それだけでも「板橋区は素晴らしい！」と無条件で全肯定したい。よって何も他所を真似して近代的な画一化された町並みにする必要などないし、逆にそうなっては折角の板橋の魅力が台無しになってしまう。

例外として土地余りの状態にある西部地域は、成増や徳丸の成功を参考にして郊外型都市として再開発すべきだろうと思うが、それにしても成増駅や東武練馬駅を中心に引ったくりや空き巣被害が頻繁に発生している点を考慮し、有効な防犯対策を講じてからの話だろう。

## 「変わらないこと」を最大限に活かした商店街

板橋区は鉄道網の整備という面で、過去の大失敗のおかげでこれ以上の改良がまず不可能なのだから、急激に都会化する事などあり得ない。であれば、いっそ「板橋は日本で一番都心に近い田舎だ！」と開き直ってしまえばいい。実際に都心に10分程度で出れる土地で、ここまで田舎臭い場所なんて滅多にありゃしないのだから。

それに、板橋区には変わらない事の良さを追求して、実際に成果を出している先輩がいるではないか。それが何かというならば、この本に何度も登場した名物の巨大商店街である。無いものは無いと開き直って、ある物を整える事に専念したおかげで賑わいを維持しているというのは、今後の板橋区にとってこれ以上ない参考例になるだろう。このパワフルな商店街に学び、あえて変わらないという選択肢も武器になり得ると自覚すれば、近い内に必ず「住むなら板橋区だ！」と言われるようになるに違いない。言ってみれば、板橋区が目指すべきは都心の有名な大繁華街やオシャレタウンなどではなく、多少地味で不便でも、誰もが安心して生活できる「地方のちょっと大きな街」なのだ。

例えば、板橋区と古くから親交のある北陸の金沢市と比較してみよう。両者の付き合いは、加賀藩の下屋敷が置かれていた事がキッカケだから、江戸時代からの仲だと言える土地だ。出来ることならば、この金沢から様々な物を学びたいところだが、かの地には板橋とは比較にならない華やかな歴史があり、伝統文化や名所旧跡が保護され、近くには温泉地もあり、新幹線まで開通した。板橋区では真似ようのない要素ばかり持つ、見事なまでの観光地である。一見すると何も手本に出来る部分がないようにも思うが、無いものは無いと諦めれば、「変えてはならない物は変えない」ことで繁栄している、板橋区にとっての最高の先生だと気付くはず。金沢も板橋も「変わってはいけない土地」という意味では、非常にベクトルが近いのである。

第1章の冒頭で「板橋区は地味だ」と悪い事のように言ってしまったが、地味で大きな変化がないからこそ、どこよりも生活者に優しい街になれたのである。このままずっと変わらないでいれば、それが財産になる時が必ず訪れる。

区民満足度調査で何を聞いても「どちらでもない」と答えた板橋区民だけど、50％以上が「板橋に愛着がある」と答えているのだし、もう答えが出ているじゃないか。いいんだよ、板橋はこのままで。

# 高島平が抱える大問題は日本の未来!?

## 相変わらず問題が山積み

本書が発行された2008年当時、高島平には様々な問題が山積みになっていた。あれから8年が経過し、今現在の様子を再度調査してみたところ、お世辞にも解決に向かっているとは言い難い実情を目の当たりにした。そこで、この第5章では総まとめに入る前に、板橋区の中でも特に広大で住民が多い高島平地区について、頁の許す限り掘り下げてみる。高島平が抱えている社会問題は、日本全国がこれから直面するであろう内容も多く、決して対岸の火事とはいえないものなのだ。言い換えてみれば、高島平が再生に成功できれば、その手法は10年後の日本のスタンダードになるかもしれない。

## 高島平ってどんなところ？

まずは高島平の地理など基本データからおさらいしよう。高島平は板橋区の北西部に位置しており、その昔は何もないだだっ広い原っぱだった土地だ。あまりに何もないがために、江戸時代には大砲の射撃場があったり、昭和になってからも養豚場があったような、良く言えばのどかな場所である。それが昭和40年代になり、公団によって巨大な団地が建設され、周辺の土地も計画都市として開発されていった。これが今の高島平という街の始まりである。

今や団地というと貧乏くさいイメージがあるが、高島平団地は「都営三田線で大手町まで1本で出られる！」をウリ文句に、ヤングエグゼクティブ向けの新しい生活の拠点として販売が開始されたもので、それなりの収入が無ければ入居できない物件だった（特に3丁目）。新しくてオシャレな集合住宅のあり方として宣伝されていたそうなので、現在の〝なんとかヒルズ〟や〝うんちゃらタワー〟のようなものだと言っていいだろう。

## 区内でも特にヨソ者に優しい街

高島平は高度経済成長期の住宅需要に併せて大開発が行われて人口が急増した街なので、歴史の古い街が多い板橋区の中では、際立ってヨソ者に優しい雰囲気がある。その証拠に、高島平地区では代々の町会役員に東北や九州など、地方から移住してきた区民が多い。これが南部の旧中仙道沿いなどであれば、江戸時代に地主だった一族や、明治期に商売を始めた商店などが残っており、そうした〝三世代前からの人間関係〟にも気を配らねばならないのだが、高島平は歴史の浅さから無駄なしがらみがなく、暮らしやすさに繋がっていると言えるだろう。

ただし、こうした高島平の自由平等な気風は、自己責任という厳しい一面も併せ持っている。住民達が率先して動かねば何も変わらない街でもあるのだ。それを具現化しているのが新聞社顔負けの情報量と取材力を持つタウン誌・高島平新聞なのだが、これについては他項で述べているので割愛する。

## 超高齢化都市・高島平！

ここまでは高島平の基本について述べたが、ここから先は住民の皆様に対して少々気がひける内容になる。高島平が抱えた、というか患っていると言うべき、無視できない大問題について書かねばならない。

高島平が直面している問題の中でも特に重大なのは、何と言っても人と建物の高齢化だろう。高島平団地は、2丁目一帯が賃貸物件として、3丁目一帯は分譲として売り出されたのだが、その2つを合わせた高齢者（65歳以上）率が、2015年に50％を超えてしまったのだ。これまでは、高島平団地の誕生時に3丁目の分譲を買った（当時の）若い夫婦らのお陰で平均年齢が下げられていたのだが、そうした住民も40年以上が過ぎ、今では立派な高齢者である。加えて言えば、高島平新聞の独自調査の結果、団地に住む高齢者の40％が独居状態にある事実が判明した。また近年では爆買い中国人が話題になっているが、団地の分譲を買う外国人も増加傾向にある。

人だけではなく団地自体の老朽化も深刻だ。1972年に入居が始まった高島平団地は、あまりにも巨大すぎ、また分譲と賃貸とで分かれているため、外壁工事やリフォーム程度ならばいざしらず、大掛かりな建て直しは不可能に近い。

現地を見てみると、賃貸物件である2丁目団地は何度か修繕工事を経ているようで、比較的真新しくキレイな建物が多い。内装もそれなりに新しくしている部屋も多いようだ。それに対し、分譲物件である3丁目団地は1970年代から手が入っているのかどうか疑わしい建物が目に付く。これは分譲故に権利者すべてを探し出して話を通すのが難しいためと思われ、中には5階建てなのにエレベーターがない建物まである始末だ。高齢化が進んでいるというのに、バリアフリーの欠片もない状態は厳しい。また、エレベーターだけを後から外付けした奇妙な団地もあり、そこはエレベーターホールが作れないため、各階の中間地点の階段の踊り場に無理やり穴を空けたという斬新すぎる設計になっている。どの階で降りても上下に階段が続く踊り場に放り出されるため、車椅子の住民では何人かの手助けがなければ利用できず、健常者でも重い荷物の持ち運びや家電の配送など、どうすれば良いのか疑問に感じる。

## 若者に見向きもされない要因はＵＲにあった⁉

建物が老朽化しようと、若い住民が増えてくれればまだ明るい未来が見えるのだが、先に述べた通り高島平は高齢化の一途である。もう何年かすれば75歳以上の後期高齢者が大多数になるだろう。何故そうなるかといえば、高島平団地は家賃が高過ぎ若者には手が出ないのだ。

読者にぜひ聞いてみたいが、あなたが夫婦で都内に住みたいと考えたとする。まだ若く収入も安定しないので、物価が安くて暮らしやすいと評判の板橋区に目を付けた。その板橋区の北の果てにある団地なら、さぞかし家賃も安いだろうと期待するだろう。だが、設備の古臭い団地の家賃が「２ＤＫで９万円」と言われたら、引っ越したいと思うだろうか。それが高島平団地に若者が移住して来ない最大の理由であり、その理由を作っているのはＵＲ（都市再生機構）であろう。ネットで検索すると、中には２ＤＫで７～８万円程度のお手頃な物件もあるのだが、あまり条件のよろしくない物件は条件が合わずに、そもそも検索にも引っ掛からない。高島平住民達も区議会議員らも、大昔からＵＲに対して「せめて今の時代に合った条件にして欲しい」と要望を出しているそうだが、URは「それでは今の条件で住んでいる住民に申し訳ない」などとのらりくらり。では今いる住民達の条件も同様に下げればいいだけの話なのだが、街が滅ぶかどうかの瀬戸際にあってもお役所仕事なのである。

URがここまで頑なに条件を下げない理由は、これまたお役所仕事の代名詞である「全体の帳簿上の数字でしか物事を判断しない」という特性にあると思われる。取材によると、高島平団地は他の苦戦しているUR団地と比べたらまだまだ黒字なのだという。高島平も未来がないと言えるほど限界なのだが、今現在は団塊世代の資金力によって辛うじて黒字が出ているので、それが他の地域の赤字の穴埋めに使われているのではないかとのこと。しかも、高島平団地の家賃は下がるどころか上がり続けているそうで、住民達がURに払っているお金は、なかなか高島平には還元されない状態なのだ。こうした背景を考えると、高島平団地の再生には、URが自分達の名称が何の略か、そして何を目的とする組織なのかを思い出す事が必要であろう。

## 高級住宅地区から団地に移る高齢者

ここまでは団地の話で一杯になってしまったが、高島平には高級住宅地として開発された一戸建て中心の地区もある。4・5丁目がそれにあたるのだが、近年そこから家を処分して、わざわざ団地に移り住む高齢者がいるという。

なぜそのような物好きなことをするのかというと、この地区は田園調布のようにキレイに設計された街ではあるのだが、計画都市故の建築規制の問題で、コンビニすら満足に建てられないのだ。そのため、車を運転する事もなくなった高齢者が買い物難民化してしまった。高齢者が助けもなく暮らすには不便すぎ、かといって住み慣れた土地を離れたくもなく、唯一の手段として家を処分して団地に移るという選択をするのだという。住宅設備に問題があるとはいえ、団地の中には商店街の機能が備わっているので、陸の孤島のような生活をするよりはマシだと言うが、こうした事情から団地の独居老人の比率が上がり続けているのかもしれない。話は団地だけの問題ではないのだ。

## 区も住民も実は頑張っているんだ！

このような苦境にあって、板橋区及び住民達はどのような対策を講じているのだろうか。まず大きなものは1丁目、2丁目、3丁目、4・5丁目、6丁目、7・8丁目、8・9丁目という区分の開発計画である。廃校になった小学校跡地の再利用など、それぞれの土地の事情に合わせた内容になっているのだが、これには板橋区も本気になっているため、それ相応の成果は期待できるだろう。団地だけでも2万人以上が住む土地を無下にはすまい。他にも高齢者が多い特徴を逆手に取って、空き部屋対策に高齢者向けサービスを付加させたり、無印良品と提携して無印ブランドで調度品を統一した部屋を作るなどもしている。だが、これらは物件自体は好評ですぐに埋まっても、単発で終わってしまい、後が続いていない場合も多いようだ。

このような様々な成功も失敗も蓄積し、複数の起爆剤で街を甦らせて行こうというのが、現状の高島平の方針のようである。

# 高島平は未来の日本

今後の日本はますます少子高齢化が進み、若者は職を求めて条件の良い土地に固まって住む。そして親である高齢者は地元に残り、高齢化の進む土地と若者の多い土地とで二極化する。日本全土が高島平が置かれている状況になるのだ。高島平も筆者（昭和50年生まれ）が子供の頃は子育て世帯が多く、同年代の子供が多かったように記憶しているのだが、子供はいずれ独立して家を出て行く。そして高齢者だけが高島平に取り残され、若者は条件が合わずに引っ越して来ない。この負の連鎖に対して打開策を講じられなかったがために、高島平は老人の街になってしまった。口が悪くて申し訳ないが、人間には寿命がある。今はまだ身体が動く高齢者でも、それがいつまでも続く訳ではない。高島平に移住した第一世代は、あと１０年もすれば少数になってしまうだろう。そうなった場合にいったい高島平には誰が住むのだろう。これは高島平だけの問題ではなく、近い将来の日本の姿なのである。

エレベーター部分だけ後付けされた３丁目団地。階段の踊場に出るため、停車ボタンが1・2・4・6・8・10と酷いことに

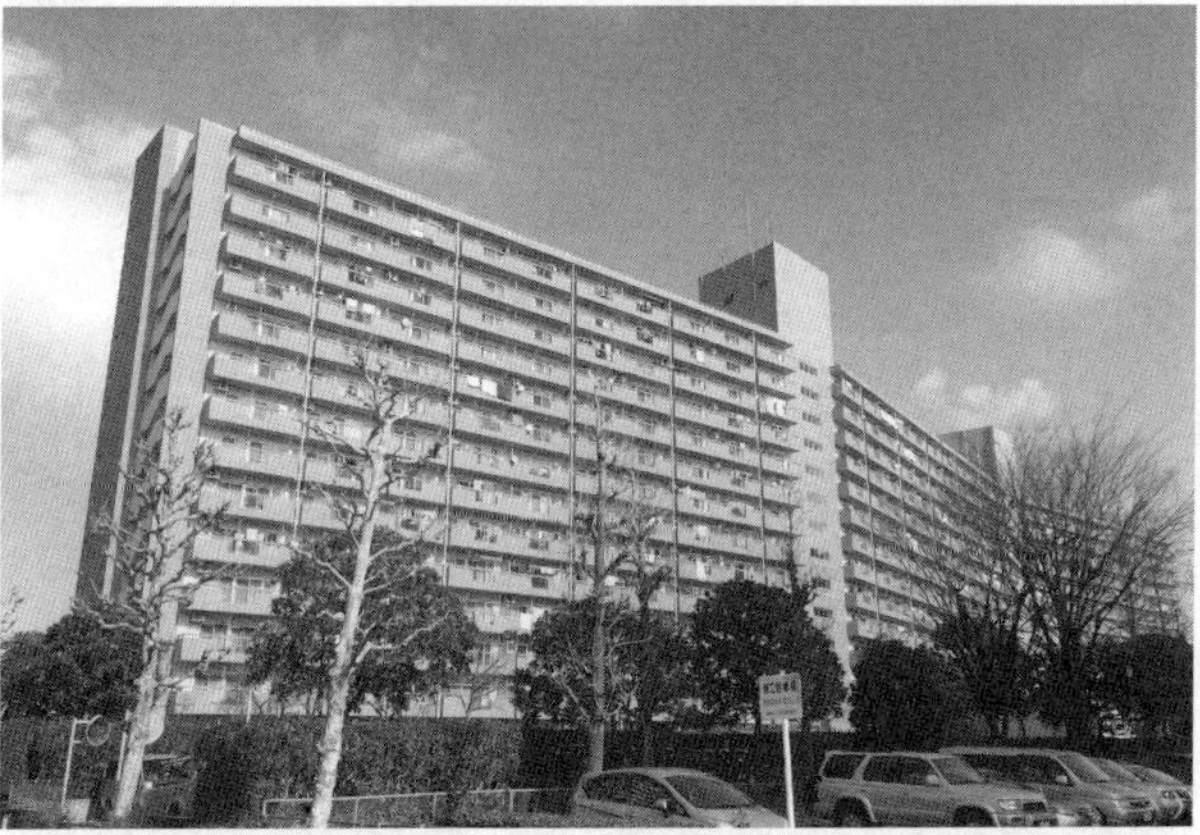

2丁目団地は賃貸物件なので、3丁目とは比較にならないほど手が入れられている。空き部屋だけ減ればいいということか

# 8年経って板橋区はどうなった？

## 最新の区民満足度調査を元に判定

本来であれば、この総まとめも2008年度版から一新すべきかもしれないが、本書はあえて8年前のまとめをほぼ残す形とさせていただいた。というのも、以前の統計データや現地取材を元に導き出した答えを残し、新たに最新のデータを元にしたまとめを新設する構成にした方が、板橋区のこの8年間の成果をよりジャッジし易いと判断したためだ。

では、以前のまとめでも使わせていただいた「区民意識意向調査」（いわゆる満足度調査）の最新版（平成27年度）を元に、区民の板橋区に対する意識がどのように変わったのか、はたまた変わっていないのかを考察していく。

## 子育て環境への評価は上昇中だが

様々なテーマごとに分けられている調査の中で、子育てに関する満足度はどれも上昇傾向にある。平成19年度から特に上昇率が高いのは「子供の健全育成」「地域連携による子育て」のふたつで、それぞれ約16％から26％へ、21％から27％へとアップ。続いて「児童福祉サービス」も約25％から29％へと、上昇値だけを見ればそれなりの数字を示している。しかし、これらは「満足」と「まあ満足」を足しての数字なので、残念ながら70％以上の区民は満足していない。区民の声で特に求められているのは、保育施設の充実や乳幼児の育成環境についてで、これは区内に子供を持つファミリー層が多く、また子供を作りたい意識の強い夫婦などが増えている兆候なのかもしれない。決して褒められた数字ではないものの、これだけ少子高齢化が深刻になっているのだから、むしろ板橋区の未来にとっては喜ばしい事でもあると言えるだろう。

## 医療・健康に関しては超高評価！

板橋区特有の大病院軍団のお陰か、医療や健康に関する調査結果は軒並み上昇している。「医療体制」に関して19年度には28％程度だったものが47％になり、「食品衛生」の項目も37％から60％へ大躍進している。意外なところでは「スポーツ」に関して24％から33％に上がっており、板橋区が力を入れようとしているスポーツ振興に対して、早くも結果が出始めているのかもしれない。

ただ、「バリアフリー」などを含めて障害者に対する満足度はどれも10～20％であり、この辺りは「弱者に優しい板橋区」とは言えない結果となっている。古い街が多く、急坂など地形に恵まれていない地域もあり、何より慢性的に区に金が無いという致命的な弱点が、このように社会的弱者に対するケア不足という面で現れてしまうのだろう。早急に劇的な変化を求めるのは難しかろうが、かといって無視する訳にもいかないテーマだ。

## やっぱり凄いぞ商店街！

意識調査の中で上昇傾向にあり、なおかつ数値も高いのが「魅力ある商店街」という項目だ。これまでも常に30％以上の区民が満足と答えているが、27年度では44％に上昇している。19年度時点で35％だったのに、それがさらに10％上乗せされたのだ。

ただ注意したいのが、巨大商店街が唯一と言っていい名所である板橋区ではあるが、規模で言えば全国に誇れる商店街があるのは大山や仲宿など、南部の旧宿場一帯だけということ。中板橋や上板橋の商店街も元気だが、規模はそれほどではなく、板橋区に住めばどこにでも大きな商店街があるという訳ではない。よって、商店街に関する満足度を聞いても、地域によって大きな差が出てしまう。こうした事情がある上での満足度40％オーバーなのだから、数値以上の驚くべき結果と称賛すべきだろう。活気ある商店街の付近に住んでいる区民の殆どが満足しているとでも考えねば、こんな数字になるとは思えない。

## 自然環境は抜群らしい

長年に渡って「大気汚染の板橋区」というイメージが持たれていたが、「空気・水」という項目が19年度では17%だったものが、27年度では42%と驚愕の上昇率を見せている。世界一大気汚染が酷いとまで言われた大和町交差点のネガティブイメージは、もう遠い昔の話なのかもしれない。

また、以前は無かった調査項目に「自然地の保全」と「公園・緑地の整備」があるのだが、それぞれ60%・62%の区民が満足だと答えている。特に空の広い高島平地区以外でも、住宅地の近くに公園がある土地は多いし、この結果は地味で田舎な板橋区の面目躍如と言えるだろう。

ただ、自然に関係する項目で「水害対策」への満足度が47%と微妙な点が気にかかる。江戸時代ならいざ知らず、今や板橋区内で水害の危険がある場所などごく限られているのだが、なぜ半数に満たないのだろうか。荒川付近にマンションが建ち過ぎた弊害でもあるのかと疑ってしまう。

## 安心・安全・快適な板橋区！

区民満足度を中分類で比較した場合に、際立って高い数値になっているのが『安心・安全な生活』に関する項目だ。これには「ゴミ出しルール」や「公共交通」への満足度なども含まれているのだが、これらは68％に79％とかなり満足度が高い。続いて「リサイクル」「快適なまち」といった項目も50％近くの区民が満足だと答えている。

上昇率という面で特筆すべきは「道路の安全」と「歩行の安全」で、両方とも50％以上の数値なのだが、「道路の安全」に関しては19年度の調査では28％しか満足と回答していなかった。また先に挙げた「快適なまち」についても、以前は25％程度だったので、板橋区は全体的に安全度や快適度が上がっていると評価できるだろう。

板橋区は長く物騒な印象を持たれていた土地なので、こうした区民の声は何よりも嬉しい成果だと言える。

## 区民は板橋に愛着を持ちまくり

これまでは満足度の高いものを挙げたが、平均的に低い水準になってしまっているのが区政に関する項目だ。中でも「区民の声の区政への反映」と「区計画への参加機会」は、共に10％程度しか満足している区民がいない。しかも、これらは19年度の時点からほぼ横ばいで、いかに区民が行政に期待していないか、ズバリ言ってしまえば「どうでもいい存在か」がわかるだろう。8年前にも書いたが、板橋区は官より民の努力によって成り立っている土地なのである。それがこうした数値で表現されてしまっていると考えるよりない。

その証拠とも言えるのが「区への愛着」に対して、実に76％の区民が持っていると答えている点だ。行政には期待していないし、区政に参加する意思も希薄だけれども、板橋愛だけは異常に高い。ただし、似たような「区への誇り」という項目については39％に留まっており、この点に板橋区民の精神的なバランスの良さや冷静さを感じてしまう。この区民性が大好きだ。

## 何年経とうと板橋は板橋でしかない

以前のまとめで偉そうに区の改善点などをいくつか挙げたが、今のところ私ごときがツベコベ言うまでもなく、板橋は板橋として順調に歩みを進めていると評価できる。相変わらず細かい問題点は多いし、高島平の超高齢化などは「本当に大丈夫か？」と不安になる状況ではある。また、志村・小豆沢地区の無茶なマンション建設ラッシュによるマンモス校化など、次の世代に迷惑をかけてしまっている点も多々ある。

だが、満足度調査を見る限りでは、板橋区民は今も変わらず呑気に暮らせているようだ。「防犯対策」などに関する項目でも50％以上の区民が満足しているようだし、一昔前の物騒なイメージの板橋区はもう無くなったと言っていいだろう。２０１６年のいま、板橋区は「地味でマイナー」なのは相変わらずだが、「自然環境に恵まれた呑気で住みやすい愛着の持てる土地」という評価になったのだ。

## 民の足を官が引っ張っている?

この調子で手放しで板橋を褒め称えて終わりたいところなのだが、残念ながら改めて言っておかねばならない点もある。その最たるものは意味のわからない道路開発計画など、誰が喜ぶのかハッキリしないものへの税金の投下だ。区役所の南館も、一度更地に戻してから建て直すという大規模な工事(解体だけで数億円規模)をしていたが、その結果何か目に見える効果はあったのだろうか。これらに区民の血税を注ぎ込むだけの意味があるのだろうか。板橋区は過去に区内の学校の工事に関して詐欺・汚職事件が起きて逮捕者を出し、区長らが謝罪会見をする事態にまでなってしまったのだが、その矢先に区役所大工事を決行せねばならなかった理由がわからない。

言葉を選ばずに言うと、板橋区民は金が無い。よって区にも金が無い。23区内でも決して裕福とは言えない区である。であるならば、変に見栄を張らずに「無い物は無い」と割り切って、出費を極力抑えるべきではなかろうか。地味で貧乏なのは板橋の宿命だと、まずはオカミが諦めるべきである。

こうしたドライさは、こと板橋区においては、官が民から学ぶべき要素だと断言していい。どれほど多額の税金を投じても、今さら板橋区が時代の最先端を行くオシャレな街に生まれ変わる訳はないのだから、「皿を見たって腹は膨れない」という、板橋っ子の現実的な思考をお手本とし、可能な限り無駄遣いの少ない選択肢を選んで行くべきである。忘れた頃に突然単発で大きな事をしたがるというのでは、区の経済感覚は商店街の運営部以下と言うよりない。もし仮に大山などの商店街であれば、区役所南館の建て直しだの道路計画だのは、絶対に稟議が通らないだろう。戦う商店街ことハッピーロード大山の場合は、大掛かりな予算を組んで何かやったとしても、必ずと言っていいほど他の地域の商店会などがワラワラと視察に来るような結果を出している。では、より大きな金を扱える板橋区は、投じた税金に見合った成果を出せているのか。

何度も同じ事を言うが、やはり区は民からもっと様々な事を学ぶべきである。税収が少なくても、見栄を張らずに必要最小限の事だけやり、大部分は民の努力に任せる方が、より板橋らしい良い結果が出るのではなかろうか。

# あとがき

様々な類似品が手堅いヒットを飛ばしている〝地域密着型書籍〟だが、そのハシリとなったのはこの〝地域批評シリーズ〟だろう。その板橋区版を書いて欲しいと依頼があったのが2007年、発売されたのが2008年3月と、かれこれ8年も前のことになる。よって、今回の文庫化にあたって最も苦心したのは「以前使ったデータを調べ直さねばならない」という点だ。

しかし、調べれば調べるほど8年前よりも「板橋区凄いな」と思い知らされた。以前と比較して日本全土が貧困に悩まされ、また将来を不安視するしかない状況に陥っているというのに、板橋区はそれでも変わらなかったのである。相変わらず無名だし、貧乏人が肩寄せ合って生きているイメージは拭えないが、周りが落ちてきた今となっては、相対的に板橋区が上がってしまう。

本書をお読みいただいた方ならばうっすら感じ取れるであろうが、板橋の変化を嫌う性質は明治時代から受け継がれてきた伝統のようなものである。また、公の力に頼るのではなく、個人個人が頑張って住みやすい条件を作るという点も同様で、その象徴が板橋区名物の大きくて活気のある商店街（＝個人商店の集まり）だ。日本にお金があった頃は、公的事業などでとにかく土地開発すればよし、貧相な駅前商店街を潰して巨大なビルを立てればよしというバブル的な考え方に支配されていたが、その手法が破綻したいま、板橋区の〝変わらない正しさ〟が証明されたようでもある。

この大貧困時代の日本にあって、板橋区の「学歴や国籍など様々な理由で収入の格差があっても、決して格差問題は生じない」という特徴は、もっと評価されて然るべきだろう。やはり8年前に述べたように、板橋区は極端に不況に強く、またこれからの日本を考える上でのモデル都市だったのである。

荒井禎雄

# 参考文献

【板橋区】
・板橋区総務部総務課統計係
　『第38回　板橋区の統計』　２００６年
・板橋区
　『板橋区基本計画』　２００５年
・板橋区都市整備部都市計画課
　『都市計画マスタープラン　タウンプランニング21』　２００６年
・板橋区産業経済部
　『夢に形を　産業文化都市いたばし―板橋区産業振興構想―』　２００５年
・板橋区
　『図説板橋区史』　１９９２年
・板橋区観光協会
　『観光いたばし ガイドマップ』　２００２年

【足立区】
・足立区総務部区政情報室
　『数字で見る足立区』　２００６年
・足立区政策経営部政策課
　『足立区基本計画』　２００５年
・足立区政策経営部政策課
　『足立区基本構想』　２００４年
・足立区都市計画課都市計画係
　『足立区緑の基本計画』　２００７年
・足立区教育政策課教育政策担当
　『足立区教育基本計画』　２００７年

・東京都足立区役所
『新修　足立区史』　1967年

【新宿区】
・新宿区地域調整課統計係
『新宿区の統計』　2006年
・新宿区
『新宿区の概況』　2006年
・新宿区
『新宿区基本構想　新宿区総合計画』　2006年

【東京都】
・東京都総務局統計部
『東京都統計年鑑』　2007年
・東京都総務局統計部
『暮らしととうけい』　2007年
・東京都総務局統計部
『住民基本台帳による東京都の世帯と人口』　2007年
・東京都総務局統計部
『学校基本調査報告　平成19年度』　2007年
・東京都都市整備局
『第5回地域危険度測定調査結果』　2002年
・東京都財務局主計部財政課
『財政のあらまし』　2007年
・東京都都市整備局市街地建築部
『建築統計年報』　2006年
・東京都建設局公園緑地部
『公園調書』　2006年

・東京都教育庁総務部
『公立学校統計調査報告書（学校調査編）』２００７年
・東京都福祉局
『高齢者福祉施策区市町村単独事業一覧』２００６年
・東京都総務局統計部
『国勢調査東京都区市町村町丁別報告』２００２年
・東京都福祉局国民健康保険部
『国民健康保険事業状況』２００７年
・東京社会保険事務局
『国民年金事業統計』２００７年
・東京都総務局行政部
『市町村別決算状況』２００６年
・東京都福祉局総務部
『社会福祉統計年報』２００６年
・東京都総務局統計部
『事業所・企業統計調査報告』２００５年
・東京都総務局統計部
『事業所統計調査報告書』２００５年
・東京都総務局統計部
『商業統計調査報告』２００５年
・東京二十三区清掃協議会
『清掃事業年報』２００６年
・東京都総務局行政部
『特別区決算状況』２００６年
・東京都総務局行政部
『特別区公共施設状況調査結果』２００６年
・東京都都市計画局

・東京都健康局総務部
『東京都の土地（土地関係資料集）』 2006年
『東京都衛生年報』 2006年
・東京都都市整備局
『東京都都市整備局事業概要』 2006年
・東京都建設局道路管理部
『東京都道路現況調書』 2006年
・東京都総務局統計部経済統計課
『2005年農林業センサス 東京都調査結果報告（確定値）』 2006年
・東京都福祉保健局
『東京都の医療施設』 2007年
・警視庁総務部文書課
『警視庁の統計』 2007年
・警視庁交通部
『警視庁交通年鑑』 2006【その他】
・東武電車研究会 東武鉄道
『私鉄電車ビジュアルガイド 東武鉄道』
・東武鉄道株式会社
『写真で見る東武鉄道80年―明治、大正、昭和三代の変遷』
・林 英夫
『目で見る練馬・板橋の100年―練馬区・板橋区』
・街と暮らし社
『江戸・東京 歴史の散歩道―江戸の名残と情緒の探訪〈4〉豊島区・北区・板橋区・練馬区』
・山田昌弘
『新平等社会―「希望格差」を越えて』 文藝春秋 2006年
『希望格差社会―「負け組」の絶望感が日本を引き裂く』 筑摩書房 2004年

・三浦展
『ファスト風土化する日本―郊外化とその病理』 洋泉社 ２００４年
『下流同盟 格差社会とファスト風土』 朝日新聞社 ２００６年
・佐藤俊樹
『不平等社会日本―さよなら総中流』 中央公論新社 ２０００年
・アントニオ・ネグリ、マイケル・ハート
『帝国』 以文社 ２００３年
『マルチチュード―〈帝国〉時代の戦争と民主主義』上下巻 日本放送出版協会 ２００５年
・東浩紀、北田暁大
『東京から考える 格差・郊外・ナショナリズム』 日本放送出版協会 ２００７年
【総務省】
・総務省統計局
『国勢調査報告』 ２００６年
・総務省統計局
『消費者物価指数月報』 ２００６年
【サイト】
・住友不動産「データで見る住みたい街」
http://blog.stepon.co.jp/contents/gyousei/
・ＨＯＭＥ'Ｓ ＣＬＵＢ「ＨＯＭＥ'Ｓランキング」
http://homesclub.next-group.jp/research/ranking/
・板橋区議会議員広山利文氏のブログ「等高線」
http://hiyoyamat.exblog.jp/
・環境省「大気汚染状況について」
http://www.env.go.jp/air/osen/index.html
・高島平新聞
http://www.takashimadaira.co.jp/
・高阪宏行 日本大学文理学部

「板橋区における犯罪発生の空間分析」
http://nihonims.chs.nihon-u.ac.jp/f15.pdf

・東京都の統計
http://www.toukei.metro.tokyo.jp/

・東京都福祉保健局
http://www.fukushihoken.metro.tokyo.jp/

・東京都都市整備局
http://www.toshiseibi.metro.tokyo.jp/

・東京都教育委員会
http://www.kyoiku.metro.tokyo.jp/

・平成20年度都立高等学校等募集案内
http://www.kyoiku.metro.tokyo.jp/pickup/p_gakko/20boshu.htm

・東京都公立図書館協議会
『東京都公立図書館調査』
http://www.library.metro.tokyo.jp/15/15710.html

・東京二十三区清掃一部事務組合
http://tokyo23.seisou.or.jp/

・社団法人葛飾区シルバー人材センター
http://www.sjc.ne.jp/katsushikaku/index.html

このほか、路線の基本情報・乗降人員などの確認のために、各鉄道会社のホームページ等も参考にした。

●編者
**荒井禎雄**
1975年生まれ フリーライター・プランナー
仲宿の商店街に生まれ、代々酒屋の一族という逃げ場のない飲兵衛人生を送る
板橋区の情報を専門に扱うブログを持ち、様々な板橋情報本にネタ提供
現在は夜の世界の住人らが集まる歌舞伎町のBARから
普通では得られない情報を発信するニコニコチャンネルを運営
『Ｆｒａｍｅチャンネル』http://ch.nicovideo.jp/frame

**地域批評シリーズ⑦　これでいいのか 東京都板橋区**
2016年4月13日　第1版　第1刷発行
2020年4月30日　第1版　第2刷発行

編　者　荒井禎雄
発行人　武内静夫
発行所　株式会社マイクロマガジン社
〒104-0041　東京都中央区新富1-3-7 ヨドコウビル
TEL 03-3206-1641　FAX 03-3551-1208（販売営業部）
TEL 03-3551-9564　FAX 03-3551-0353（編　集　部）
http://micromagazine.net/
編　集　高田泰治
装　丁　板東典子
イラスト　田川秀樹
協　力　㈱n3o
印　刷　図書印刷株式会社
※定価はカバーに記載してあります
※落丁・乱丁本はご面倒ですが小社営業部宛にご送付ください。送料は小社負担にてお取替えいたします

※本書の内容は2016年2月29日現在の状況で制作したものです


2020 Printed in Japan　ISBN　978-4-89637-558-9　C0195